铁路运营隧道健康评价与数据库管理系统开发

王 薇 姚 勇 向延念 著

机械工业出版社

本书以我国西南地区铁路运营隧道健康评价与数据库管理系统开发为例，对典型病害进行了评价分析，建立了隧道病害健康评价模型和数据库管理系统，形成了较为完善的铁路运营隧道健康评价指导体系。本书共10章，主要内容包括：绪论、典型隧道病害调查与结果分析、渗漏水对隧道衬砌结构受力影响分析、裂缝对混凝土衬砌受力影响分析、砌石衬砌背后空洞对隧道结构受力影响分析、砂浆掉落对砌石隧道结构受力影响分析、铁路运营隧道健康评价方法、铁路运营隧道健康状态的评价、Visual Studio 平台下 Excel 数据库管理系统开发、展望。

本书可作为高等学校铁道工程、土木工程等相关专业高年级本科生或研究生的教材，也可作为行业工程技术人员的参考书。

图书在版编目（CIP）数据

铁路运营隧道健康评价与数据库管理系统开发/王薇，姚勇，向延念著．—北京：机械工业出版社，2022.6
ISBN 978-7-111-70554-3

Ⅰ.①铁… Ⅱ.①王… ②姚… ③向… Ⅲ.①铁路隧道-质量检验-专用数据库-关系数据库系统-系统开发 Ⅳ.①U459.1-39

中国版本图书馆 CIP 数据核字（2022）第 062042 号

机械工业出版社（北京市百万庄大街22号　邮政编码100037）
策划编辑：林　辉　　　　　责任编辑：林　辉
责任校对：陈　越　王明欣　　封面设计：严娅萍
责任印制：刘　媛
北京盛通商印快线网络科技有限公司印刷
2022年7月第1版第1次印刷
169mm×239mm・11.5印张・2插页・222千字
标准书号：ISBN 978-7-111-70554-3
定价：118.00 元

电话服务　　　　　　　网络服务
客服电话：010-88361066　机　工　官　网：www.cmpbook.com
　　　　　010-88379833　机　工　官　博：weibo.com/cmp1952
　　　　　010-68326294　金　书　网：www.golden-book.com
封底无防伪标均为盗版　机工教育服务网：www.cmpedu.com

前　言

我国早期建设的铁路隧道，经历了多次铁路提速与电气化改造，铁路机车轴重不断增加，年通货能力比设计值大幅提升；在隧道建设阶段，可能存在地质情况调查不足、施工方法不恰当、隧道防排水设施缺乏等情况；在隧道运营阶段，可能缺乏必要的维修保养措施。随着运营时间的增长，隧道结构的材料性能和使用性能呈现出劣化趋势，导致各类病害相继出现。隧道病害已经成为既有铁路线路提速、运营安全的重要制约因素。

本书以我国西南地区铁路运营隧道健康评价与数据库管理系统开发为例，介绍了我国铁路隧道运营状况及健康评价概况、病害检测分析方法、典型病害分析方法、隧道健康状态动态评价模型建立、数据库管理系统建立等。

第1章绪论，主要介绍了我国铁路隧道运营状况及健康评价研究情况，以我国西南地区某陈旧铁路线路为例，对铁路隧道病害情况进行统计分析，为后续章节铁路运营隧道健康评价及数据库管理系统开发奠定了基础。

第2章典型隧道病害调查与结果分析，主要针对典型隧道病害进行调查，对典型隧道病害的选定、调查内容及调查方法进行了介绍，归纳总结了隧道衬砌类型，并将铁路运营隧道进行分类，得出影响隧道安全的主要病害因素；结合资料搜集、现场检测、室内试验等方法，对检测结果进行统计分析，得出隧道病害形式、位置及劣化原因的结论。

第3章渗漏水对隧道衬砌结构受力影响分析，从外因水源和内因水路两方面分析隧道渗漏水产生机理，在此基础上模拟围岩松动圈厚度、地下水位变化、衬砌开裂渗漏水、衬砌变形缝防水失效渗漏水对围岩渗流场和衬砌安全性的影响，对衬砌受力的影响进行研究，为运营隧道维护和检修提供理论依据。

第4章裂缝对混凝土衬砌受力影响分析，主要从砌石衬砌背后空洞方面对隧道结构受力进行分析，通过建立模型，分析得出裂缝对裂缝附近区域结构的安全性危害最大，对其他部位的影响相对较小；裂缝的存在导致裂缝附近区域出现了一定范围内的应力集中，随着裂缝深度、长度的增加，衬砌结构所受到的最大拉应力和最大压应力都有增大的趋势。相应结论为复杂环境条件下陈旧隧道的健康评价和维护提供了理论依据。

第5章砌石衬砌背后空洞对隧道结构受力影响分析，借助ANSYS有限元软件，对砌石隧道结构存在拱顶空洞、拱腰空洞下的结构安全性进行了研究，并重点分析了空洞对衬砌结构安全性、灰缝截面剪应力以及衬砌内侧边缘应力的影响。

第6章砂浆掉落对砌石隧道结构受力影响分析，以陈旧隧道中的砌石隧道为研究基础，研究砂浆掉落对砌石隧道结构受力的影响。研究表明，砂浆脱落对拱顶、拱腰截面安全性影响相对较大。随着砂浆脱落深度的增加，砌石对砂浆的约束力逐渐减小，并促进砂浆的进一步脱落。

第7章铁路运营隧道健康评价方法，主要通过层次分析法和模糊数学理论，研究铁路运营隧道健康状态的动态评价方法，针对不同铁路运营隧道衬砌类型分别建立混凝土衬砌和砌石衬砌健康评价指标体系；利用数值模拟研究运营隧道典型病害的形成和发展规律，建立隧道病害指标的定性和定量的评价标准；融合可变权重和可变模糊集理论，针对运营隧道的不同时期，建立隧道健康状态的动态评价模型。

第8章铁路运营隧道健康状态的评价，主要利用已建立的隧道健康状态评价模型对西南地区典型隧道进行健康状态的评价，针对典型隧道特点，利用乘积标度法分别确定了评价指标体系下的指标层和准则层的权重；计算了不同评价指标的变权权重，根据可变模糊集理论确定了不同指标的隶属向量；结合隧道健康评价模型，分别对三座典型隧道进行健康评价预测，评价结果均与现场调研情况相符，说明评价的合理性和科学性。

第9章 Visual Studio 平台下 Excel 数据库管理系统开发，主要通过前文的研究成果，成功地开发出一个集信息与文件一体化管理的隧道病害数据管理系统，通过调试，系统功能满足设计要求。此软件具有信息的查询、更改、删除等功能，具有开放性、互操作性、可扩展性和先进性等特点，为病害的管理提供了一些实用操作，为隧道病害历史数据的检索查询提供了很好的平台，为隧道养护和安全评估提供了丰富的数据来源，也为未来隧道健康评价及数据库开发指明了方向。

第10章展望，介绍了国内外隧道病害的研究概况，总结了本书的研究成果及有待改进的方面。

本书出版得到了社会各界的帮助和支持，首先感谢成都铁路局中铁隧道集团市政公司、高速铁路基础研究联合基金（U1734208）、重庆工务段等对本书中相关的研究课题提供的经费资助或帮助，感谢中南大学提供项目试验设备和技术支持，感谢成都铁路局练发胜、付美楼、张鹏等专家提供的大力支持，感谢多位参加该项目评审的专家和学者。本书相关研究内容是在研究生鄢本存、尹俊涛、孟相昆、张家琦、李姚伟奇等人研究成果的基础上整理而成的，感谢他们的付出！

由于作者水平有限，书中难免出现差错、纰漏，恳请专家和读者不吝赐教。

著　者

目 录

前 言
第1章 绪论 ………………………… 1
1.1 铁路隧道运营状况及健康评价研究 ………………… 1
1.2 我国西南地区铁路线路概况 …… 2
1.3 我国西南地区铁路线路运营隧道概况 ………………… 3
1.3.1 隧道总体情况 ………… 3
1.3.2 隧道衬砌材料类型统计 … 5
1.4 隧道病害统计分析 ……………… 7
1.4.1 隧道病害总体情况 …… 7
1.4.2 典型病害的统计分析 … 8
1.4.3 隧道病害原因分析 …… 10
1.4.4 病害对衬砌结构安全性的影响 ………………… 10
1.4.5 隧道衬砌结构健康状态评价 ………………… 11

第2章 典型隧道病害调查与结果分析 ……………………… 13
2.1 引言 ……………………………… 13
2.2 典型隧道病害调查方案 ………… 13
2.2.1 典型隧道的选定 ……… 13
2.2.2 隧道病害调查内容 …… 15
2.2.3 隧道现场调查方法 …… 15
2.3 隧道调查结果 …………………… 19
2.3.1 隧道①调查情况简介 … 19
2.3.2 隧道②调查情况简介 … 23
2.3.3 隧道③调查情况简介 … 30
2.4 衬砌裂损与渗漏水病害关联性分析 ………………………… 38

第3章 渗漏水对隧道衬砌结构受力影响分析 ……………… 39
3.1 引言 ……………………………… 39
3.2 隧道概况 ………………………… 39
3.3 隧道渗漏水原因分析 …………… 40
3.3.1 赋存环境对隧道渗漏水的影响 ………………… 40
3.3.2 衬砌裂缝对隧道渗漏水的影响 ………………… 42
3.4 围岩松动圈厚度对隧道受力影响分析 ………………………… 45
3.4.1 模型建立 ……………… 45
3.4.2 计算参数与边界 ……… 46
3.4.3 围岩渗流场变化分析 … 48
3.4.4 衬砌安全性分析 ……… 49
3.5 地下水位变化对隧道受力影响分析 ………………………… 51
3.5.1 模型建立 ……………… 51
3.5.2 计算参数与边界 ……… 52
3.5.3 围岩渗流场变化分析 … 52
3.5.4 衬砌安全性分析 ……… 55
3.6 衬砌开裂渗漏水对隧道受力影响分析 ………………………… 56
3.6.1 模型建立 ……………… 56
3.6.2 计算参数与边界 ……… 57
3.6.3 围岩渗流场变化分析 … 57
3.6.4 衬砌安全性分析 ……… 59
3.7 衬砌变形缝防水失效渗漏水对隧道受力影响分析 …………… 61
3.7.1 模型建立 ……………… 61
3.7.2 计算参数与边界 ……… 61
3.7.3 围岩渗流场变化分析 … 62
3.7.4 衬砌安全性分析 ……… 65

第4章 裂缝对混凝土衬砌受力影响分析 ……………………… 67

4.1 引言 ·················· 67
4.2 有限元模型建立 ·········· 68
  4.2.1 计算参数 ············ 68
  4.2.2 确定计算模型 ········ 68
  4.2.3 计算工况选取 ········ 68
4.3 衬砌拱顶裂缝有限元模拟 ·· 70
  4.3.1 衬砌内力分析 ········ 70
  4.3.2 衬砌安全性分析 ······ 77
4.4 衬砌拱腰裂缝有限元模拟 ·· 80
  4.4.1 衬砌内力分析 ········ 80
  4.4.2 衬砌安全性分析 ······ 87

第5章 砌石衬砌背后空洞对隧道结构受力影响分析 ······ 89

5.1 引言 ·················· 89
  5.1.1 计算参数与边界 ······ 89
  5.1.2 计算模型确定 ········ 90
  5.1.3 检算截面选取 ········ 90
  5.1.4 计算工况设计 ········ 91
5.2 拱顶不同规模空洞对隧道结构安全性的影响 ·········· 91
  5.2.1 衬砌结构安全性分析 ·· 91
  5.2.2 灰缝截面安全性分析 ·· 95
5.3 拱腰不同规模空洞对隧道结构安全性的影响 ·········· 98
  5.3.1 衬砌结构安全性分析 ·· 98
  5.3.2 灰缝截面安全性分析 ·· 102

第6章 砂浆掉落对砌石隧道结构受力影响分析 ········ 106

6.1 概述 ················· 106
  6.1.1 数值计算模型确定 ··· 107
  6.1.2 工况确定 ············ 107
6.2 不同深度砂浆脱落下砌石隧道安全性分析 ·········· 108
  6.2.1 衬砌结构安全性分析 · 108
  6.2.2 灰缝截面安全性分析 · 109

第7章 铁路运营隧道健康评价方法 ·············· 113

7.1 引言 ················· 113

7.2 铁路运营隧道健康评价模型研究 ················ 113
  7.2.1 评价方法的选择 ····· 113
  7.2.2 隧道健康动态评价基本思路 ·············· 114
7.3 铁路运营隧道健康评价体系的研究 ················ 116
  7.3.1 评价指标的选取原则 · 116
  7.3.2 评价指标的选取 ····· 116
  7.3.3 评价指标体系的建立 · 121
7.4 铁路运营隧道健康评价标准的研究 ················ 122
  7.4.1 评价标准评语集的拟定 · 122
  7.4.2 衬砌开裂或错动 ····· 123
  7.4.3 衬砌材质劣化 ······· 125
  7.4.4 渗漏水病害 ········· 126
  7.4.5 衬砌背后脱空 ······· 127
  7.4.6 衬砌变形或移动 ····· 129
7.5 可变权重的计算方法 ····· 130
  7.5.1 变权的基本理论及定义 · 130
  7.5.2 指标常权权重的确定 · 131
  7.5.3 指标变权权重的计算 · 133
7.6 可变模糊集理论确定指标的隶属函数 ·············· 135
  7.6.1 基本概念 ············ 135
  7.6.2 相对隶属函数模型 ··· 136
  7.6.3 可变模糊识别模型 ··· 137
7.7 综合模糊评价等级的判定 · 138

第8章 铁路运营隧道健康状态的评价 ·············· 140

8.1 引言 ················· 140
8.2 隧道评价指标常权权重的确定 ···················· 140
  8.2.1 指标层指标常权权重的确定 ·············· 140
  8.2.2 准则层指标常权权重的确定 ·············· 142
8.3 隧道③健康状态评价 ····· 147

8.3.1 指标变权权重的计算 …… 147
8.3.2 可变隶属度的计算 ……… 148
8.3.3 隧道③可变模糊综合评价 ……………………… 153
8.4 隧道②健康状态评价 ……… 154
8.4.1 指标变权权重的计算 …… 154
8.4.2 可变隶属度的计算 ……… 155
8.4.3 隧道②可变模糊综合评价 ……………………… 159
8.5 隧道①健康状态评价 ……… 160
8.5.1 指标变权权重的计算 …… 160
8.5.2 可变隶属度的计算 ……… 161
8.5.3 隧道①可变模糊动态评价 ……………………… 165

第9章 Visual Studio 平台下 Excel 数据库管理系统开发 …… 166

9.1 引言 ……………………………… 166
9.2 铁路隧道病害数据库管理系统现状 ………………………… 166
9.3 隧道病害管理系统设计 …… 167
9.3.1 数据库管理系统初步分析 ……………………… 167
9.3.2 病害信息管理系统的设计思路 ……………… 168
9.4 铁路隧道病害管理系统开发 … 169
9.4.1 基于 Excel 工作表设计的数据库整理 ……………… 169
9.4.2 基于 Visual Studio 平台下数据库管理系统的实现 … 170

第10章 展望 …………………… 172
参考文献 …………………………… 175

第1章 绪 论

1.1 铁路隧道运营状况及健康评价研究

我国是一个多山的国家,山区面积占国土面积的2/3,为保证铁路线形及缩短里程,在山区修建铁路势必会涉及大量的隧道工程。我国自1888年开始建造第一座铁路隧道以来,已有130余年的隧道修建历史。据不完全统计,截至2020年底,中国已投入运营的特长铁路隧道共209座,总长2811km,长度20km以上的特长铁路隧道11座,总长262km;全国铁路运营里程达到14.6万km(图1-1),其中,高速铁路运营里程达到3.8万km,复线率59.5%,电气化率72.8%;西部地区铁路运营里程5.9万km,投入运营的高速铁路隧道共3631座,总长约6003km,其中,特长隧道87座,总长约1096km。我国已成为世界上隧道工程最多、发展最快的国家。

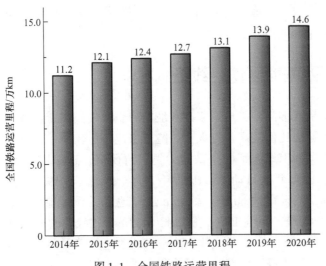

图1-1 全国铁路运营里程

隧道是一种修建在地下的构筑物，在施工与运营期间时刻受到地下水、土体等地质条件影响，导致隧道容易发生病害。初期的病害表现为衬砌背后填充不密实、衬砌厚度不足、衬砌裂损、渗漏水等，随着病害的进一步发展，可能导致衬砌大面积脱落，洞口塌方等事故。所以，隧道病害不仅削弱衬砌结构的承载能力，更对铁路运营安全构成威胁。由于部分隧道建设年代早，经历多次铁路提速与电气化改造，机车车辆轴重不断增加，年通货能力比设计值大幅提升；同时存在隧道勘察设计对地质情况调查不足、施工方法不恰当、隧道防排水设施缺乏、隧道运营中缺乏必要的维修保养措施等现象，随着运营时间的增长，隧道结构的材料性能和使用性能呈现出劣化趋势，导致各类病害相继出现（图1-2）。

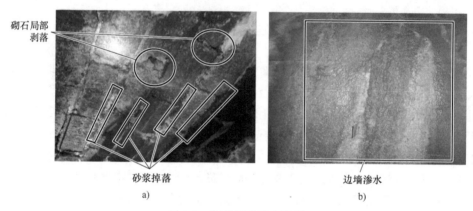

图 1-2　部分隧道病害情况

隧道病害已经引起了相关人员的高度关注。近年来，各国铁路管理部门、学者和工程技术人员对隧道病害原因、病害对衬砌结构安全性的影响、隧道健康评价等方面展开了深入研究。

1.2　我国西南地区铁路线路概况

我国西南地区多高山、地形复杂、坡陡弯急、气候多变、自然灾害多发，使得铁路线路上隧道比例较高，且大部分隧道修建年份较早，隧道病害问题突出。

本书以我国西南地区某两条铁路为例进行研究，这里以铁路 a 和铁路 b 代称。铁路 a 于 1950 年 6 月动工，1952 年 7 月全线通车，1953 年 7 月交付运营，全线长 505km，共设车站 60 座。铁路 a 经过地区属丘陵地貌，山势比较缓和，全线共设隧道 43 座，明洞 1 座，总延长 6443m（占线路总长的 1.28%），经过电气化改造，于 1987 年 12 月全线完成电气化改造并实现电气化运输，列车运行速度得到了相应的提高，铁路运能运力得到了较大提升。

铁路 b 全长 423.6km，于 1956 年 4 月动工，1965 年 7 月全线通车，1991 年 12 月完成电气化改造。铁路 b 依次经过川南丘陵、黔北山区以及云贵高原，沿线地势起伏，地质情况复杂，岩层风化剥落、塌方、滑坡普遍，石灰岩地区多暗溶洞，且线路起始两地高差超过 900m，全线共设隧道 120 座，明洞 14 座，总延长 34.432km（占线路总长 8.4%）。

铁路 a 和铁路 b 均为我国西南地区重要的铁路干线，不仅承担着西南地区与中部地区的旅客运输，而且是西南地区重要的经济运输通道，为推动西南地区经济发展起着重要作用。两条铁路线均已超过了五十年运营年限，在多次改线、维修和电气化改造后，铁路的运力和速度得到了提高。与此同时，陈旧隧道的病害问题已经不容忽视，相关部门对于铁路隧道运营安全的关注也达到了新的高度，保障铁路隧道的安全对于整条线路的安全运营至关重要。

1.3 我国西南地区铁路线路运营隧道概况

我国西南地区多山岭、多河流，在铁路修建过程中，为满足缩短线路里程与提升线路高程的需要，沿线修建了数量众多的隧道。下面以铁路 a 和铁路 b 的总体情况为例，对隧道服役年份、长度、衬砌类型等问题进行初步的统计和分析。

1.3.1 隧道总体情况

1. 铁路 a 隧道情况

根据隧道检测资料，整理出铁路 a 中有详细病害资料的 44 座隧道及明洞的基本情况，见表 1-1。

表 1-1 铁路 a 隧道总体情况

隧道名称	编号	长度/m	建设年份	隧道名称	编号	长度/m	建设年份
柏树坳	1	622.0	1952	红花塘	11	202.3	1952
两河口	2	333.8	1952	灵官庙	12	134.0	1952
白庙子	3	213.3	1952	双龙垭	13	83.1	1952
茅店子	4	293.1	1952	乱石滩	14	130.5	1952
刘家井	5	52.3	1952	马连浩	15	105.0	1952
石板河	6	105.1	1952	游家沟	16	88.0	1952
龙王沱	7	147.5	1952	周家湾	17	64.0	1952
神仙桥	8	61.1	1952	马草湾	18	130.0	1952
大观门	9	191.3	1952	蓝家湾	19	74.6	1952
鸡公山	10	109.1	1952	磨盘山	20	622.0	1952

(续)

隧道名称	编号	长度/m	建设年份	隧道名称	编号	长度/m	建设年份
王二溪	21	333.8	1952	朱杨溪车站	33	200.0	1936
核桃湾	22	135.4	1952	梅渡	34	92.0	1938
凉风坳	23	484.7	1951	郑家梁	35	36.0	1984
罗汉道	24	78.2	1952	铜罐驿	36	192.6	1984
天台山	25	158.3	1951	汤家沱 M	37	40.0	1938
闪将坳	26	266.7	1940	汤家沱	38	640.0	1982
梅家山	27	157.8	1939	峰窝子	39	494.0	1938
三元井	28	173.0	1951	金家岩	40	570.0	1938
马鞍山	29	60.0	1938	下马嘴	41	76.2	1992
聂头寺	30	78.9	1938	回龙寺	42	127.8	1939
佛尔岩	31	49.0	1984	竹木街	43	720.5	1951
朱杨溪	32	148.0	1941	兜子背	44	63.8	1952

2. 铁路 b 隧道情况

根据隧道检测资料，整理出铁路 b 中有详细隧道病害的 74 座隧道及明洞的基本情况，见表 1-2。

表 1-2　铁路 b 部分隧道情况

隧道名称	编号	长度/m	建成年份	隧道名称	编号	长度/m	建成年份
石格拉	1	111.51	1959	石门坎	15	288.98	1961
新房子	2	948.57	1959	班房沱	16	193	1961
广兴	3	81.97	1960	牛舍口 M	17	164.7	1990
三江	4	145.47	1961	牛舍口	18	561.5	1965
欧家坝	5	144.78	1966	打比滩	19	96	1965
小湾	6	381.14	1960	银子沱	20	767.7	1965
老虎嘴 M	7	85.1	1966	斗立子	21	553.06	1965
镇子街	8	724.14	1960	两河口	22	234.8	1958
东溪	9	326.79	1962	两河口 M	23	180.01	1965
雷吼洞	10	1367.63	1977	木竹河 M	24	55	1965
123M	11	178.7	1966	苦竹塘 M	25	114	1990
告化岩	12	178.63	1961	四角岩 1 号	26	445.3	1965
跳鱼洞	13	191.53	1961	四角岩 2 号	27	261.7	1965
跳鱼洞 M	14	120.5	1991	141M	28	122	1990

(续)

隧道名称	编号	长度/m	建成年份	隧道名称	编号	长度/m	建成年份
杨大岩	29	585.2	1965	陈高山	52	301.6	1965
杨大岩 M	30	35	1965	陈高山 M	53	15	1965
窑罐厂	31	630.6	1969	大湾	54	167.18	1965
小何 1 号 M	32	60	1966	黄鹰岩	55	129.8	1965
小何 2 号 M	33	35	1966	九龙塘 M	56	134	1966
青杠坡 1 号	34	110.1	1965	骡子坎	57	516.4	1965
青杠坡 2 号	35	118.3	1965	杨柳村	58	884.6	1965
城皇寺 1 号	36	375.6	1965	姜家沟 1 号	59	147	1967
城皇寺 M	37	106.6	1992	姜家沟 2 号	60	76.8	1961
城皇寺 2 号	38	236.5	1965	赶箱沟	61	187.36	1965
城皇寺 3 号	39	299.8	1965	龙塘	62	806	1965
打雁塘	40	1492	1965	羊草坪	63	260.6	1961
龙老山	41	345.4	1965	核桃坪	64	533.1	1965
蒙渡	42	152.55	1965	朱宗溪	65	270.4	1961
蒙渡 1 号 M	43	65	1965	马安山	66	305.2	1961
蒙渡 2 号 M	44	37	1965	大沟 M	67	80	1964
夜郎 1 号 M	45	30	1965	淌水溪 M	68	115.3	1961
夜郎 2 号 M	46	50	1965	淌水溪	69	125.5	1961
夜郎 3 号 M	47	81	1965	芭蕉洞	70	327.9	1961
夜郎棚洞	48	200	2011	白果坝	71	99.3	1961
太白 M	49	88	1965	新场	72	1037.2	1965
雪梨亚 M	50	100	1965	文昌阁	73	141.8	1961
白沙窝	51	160.5	1961	凉风垭	74	4270	1962

1.3.2 隧道衬砌材料类型统计

通过初步分析铁路 a 和铁路 b 的检测资料，隧道衬砌类型主要包括以下五种类型：A（砌石结构衬砌），B（混凝土结构拱圈 + 砌石结构边墙），C（混凝土结构衬砌），D（砌石结构拱圈 + 混凝土结构边墙），E（无衬砌）。其中砌石结构主要包含了浆砌块石、浆砌料石等衬砌类型，混凝土结构主要包含了素混凝土、片石混凝土和钢筋混凝土等衬砌类型，无衬砌结构主要是指围岩进行过锚喷或喷浆处理，没有支护二次衬砌的结构。

1. 铁路 a 隧道衬砌材料类型统计

根据以上对隧道衬砌类型的分析描述，按照前文的五种衬砌类型对隧道衬砌进行分类，铁路 a 隧道（包含明洞）的衬砌材料类型统计分析结果如图 1-3 和图 1-4 所示。

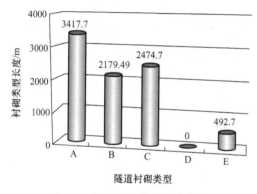

图 1-3　隧道衬砌类型长度数量　　　　　图 1-4　隧道衬砌类型构成

由图 1-3 和图 1-4 可以看出，铁路 a 隧道主要衬砌类型有三种：A（砌石结构衬砌）、C（混凝土结构衬砌）和 B（混凝土结构拱圈+砌石结构边墙）。三种类型的衬砌的隧道共占隧道总长度的 94%。另外，铁路 a 隧道没有砌石结构拱圈+混凝土结构边墙的混合型衬砌，这跟当时的施工技术和隧道所在地区的地质情况密切相关。

2. 铁路 b 隧道衬砌材料类型统计

铁路 b 隧道众多，按照前面分析的五类衬砌隧道，对铁路 b 隧道（包括明洞）进行统计分析，如图 1-5 和图 1-6 所示。

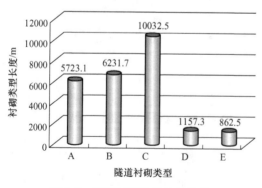 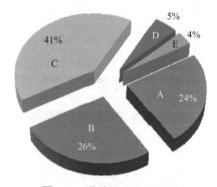

图 1-5　隧道衬砌类型长度数量　　　　　图 1-6　隧道衬砌类型构成

由图 1-5 和图 1-6 可以看出，铁路 b 隧道衬砌类型最多的是 C（混凝土结构衬砌），主要的衬砌类型主要包括三种：A（砌石结构衬砌）、C（混凝土结构衬砌）和 B（混凝土结构拱圈＋砌石结构边墙）。三种类型的衬砌总共占隧道总长度的91%，铁路 b 的隧道病害也主要集中在这三种衬砌类型。砌石结构拱圈＋混凝土结构边墙的混合型衬砌和无衬砌的类型比较少，只占总长度的9%。

1.4 隧道病害统计分析

1.4.1 隧道病害总体情况

根据近几年的隧道检测资料分析，铁路 a 和铁路 b 隧道病害主要有下列几种类型：衬砌变形或移动、衬砌腐蚀、衬砌开裂或错动、衬砌压溃、洞口仰坡塌方落石、洞内外排水设施损坏、渗漏水、隧道铺底破坏、仰拱变形破坏、限界不足。

为了能够反映隧道病害整体情况，将铁路 a 和铁路 b 隧道病害整体进行统计分析，分别统计隧道内病害的数量和病害延米长度，如图1-7和图1-8所示。

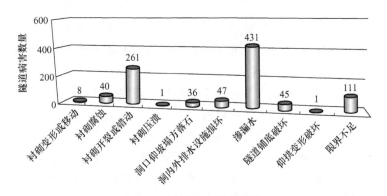

图1-7 隧道病害数量统计

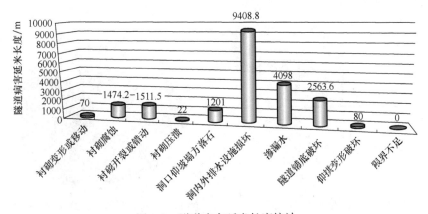

图1-8 隧道病害延米长度统计

由图 1-7 和图 1-8 可以看出，铁路 a 和铁路 b 隧道内出现病害的数量总共 981 处，出现病害的总延米长度为 20429m，衬砌腐蚀、衬砌的开裂或错动、洞内外排水设施损坏、渗漏水和隧道铺底破坏五种病害占隧道病害总量的比重较大。其中出现数量最多的病害为衬砌的开裂或错动和渗漏水两种病害，超过病害数量的一半，说明衬砌开裂和渗漏水是铁路运营隧道中最常见的病害，而衬砌腐蚀在整体上影响衬砌的劣化，降低隧道衬砌的整体承载性能，并且随着服役时间的增加而不断劣化。因此衬砌的开裂和错动、渗漏水和衬砌腐蚀应作为重点病害进行研究。

衬砌变形或移动、衬砌压溃和仰拱变形破坏三种病害的数量和延米长度都比较少，说明这三种病害不是常见病害。另外，对于限界不足的病害，通过详细分析病害描述资料，可以发现导致限界不足的主要原因是隧道修建年代久远，隧道衬砌的限界设计难以满足日益发展的铁路运输，加上铁路电气化改造之后，不能满足电气化列车运送大件货物的要求，要想完全治理好限界不足的病害，需要对隧道进行重新设计和改建，故不将其作为重点病害研究。

1.4.2 典型病害的统计分析

通过上面的分析，对铁路运营隧道影响较严重的典型病害主要有衬砌的开裂和错动、渗漏水和衬砌腐蚀。下面主要针对典型病害的劣化情况进行统计分析。

1. 衬砌的开裂和错动

隧道衬砌的开裂和错动主要是由于隧道衬砌周围的应力状态发生变化，作用在衬砌上的荷载变化显著，导致隧道衬砌出现开裂现象，严重时还会出现衬砌的错动。根据检测资料以及现场记录数据表明，衬砌的开裂和错动主要表现在混凝土衬砌的裂纹处，而裂纹多出现在拱顶及拱腰等拱圈部位，主要有纵向、横向以及不规则裂纹，容易产生贯通缝隙，严重时有掉块危险。依据检测资料对隧道病害劣化等级做出的评判，统计分析隧道病害数量与衬砌开裂和错动病害劣化等级的关系，如图 1-9 和图 1-10 所示。

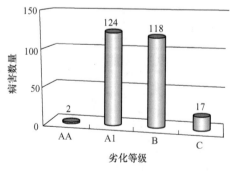

图 1-9 衬砌开裂和错动数量

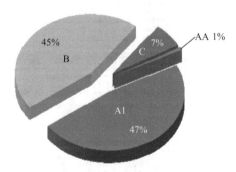

图 1-10 衬砌开裂和错动病害劣化等级构成

衬砌开裂和错动的劣化等级主要集中在 A1 级和 B 级，说明病害有进一步发展的可能，对行车安全有一定的威胁，需要对病害加强监测，如发现异常应尽快采取措施。衬砌开裂出现在拱顶部位的较多，一旦纵向与横向裂缝形成贯通裂缝容易产生掉块，危及行车安全。

2. 衬砌腐蚀

衬砌腐蚀是隧道衬砌在长期服役过程中，混凝土或者砌石受到外界环境作用，如二氧化碳、水等因素的影响，导致衬砌强度降低。衬砌腐蚀主要包含了混凝土衬砌的腐蚀和砌石衬砌的腐蚀。通过检测资料的分析和现场观测，混凝土衬砌的腐蚀主要表现在衬砌表面起层剥落导致衬砌厚度减少等，砌石衬砌腐蚀主要表现在砌块的风化、侵蚀剥落等，砌块之间的砂浆也在长期服役过程中风化剥落严重，这都影响了砌石衬砌的整体性，容易造成掉块现象，危及行车安全。依据检测资料，隧道衬砌腐蚀病害数量和衬砌腐蚀劣化等级构成如图 1-11 和图 1-12 所示。

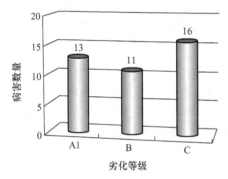

图 1-11 衬砌腐蚀病害数量

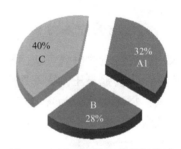

图 1-12 衬砌腐蚀劣化等级构成

衬砌腐蚀的劣化等级基本平均分布在 A1、B、C 三个等级中，每个等级所占比例基本均等，C 级劣化相对较多，这说明衬砌腐蚀是在长时间服役过程中逐渐形成的。在隧道的服役过程中，衬砌腐蚀（特别是砌石衬砌腐蚀）严重影响衬砌的整体承载性能，对隧道的安全运营影响较大，需要对其给予足够的重视。

3. 渗漏水

渗漏水主要是由于隧道围岩周围存在地下水，加上运营隧道的防排水设施不够完善，衬砌存在渗水通道时，隧道内就会出现渗漏水的现象。通过分析检测资料和现场记录数据，渗漏水病害在铁路运营隧道中比较常见，渗漏水主要表现在拱顶及侧墙部位的渗水，尤其是施工缝部位渗水更为严重，渗漏水按其渗漏状态可分为涌水、淌水、滴水、渗水四种。渗漏水病害数量和渗漏水劣化等级构成分别如图 1-13 和图 1-14 所示。

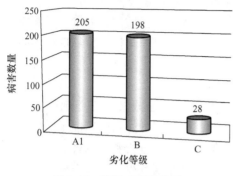
图1-13　渗漏水病害数量

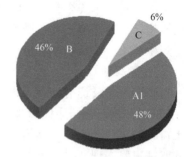
图1-14　渗漏水劣化等级构成

渗漏水劣化等级在A1级和B级的病害较多，两者共占病害总数的94%，需加强对渗漏水病害的监测，渗漏水病害不仅会加速衬砌材质腐蚀，还会造成衬砌背后的填充材料随着渗漏水逐渐流失，形成衬砌背后空洞，影响衬砌结构受力安全。另外，严重的渗漏水还会冲刷道床，造成隧道内局部道床翻浆冒泥，导致轨道不平顺，威胁行车安全。这都说明渗漏水病害是需要重点研究的病害之一。

1.4.3　隧道病害原因分析

关宝树将隧道衬砌病害成因分为外力因素、材质劣化和其他因素三类。其中外力因素分为松弛土压、突发性崩塌、偏压、滑坡、膨胀性土压、水压、冻胀力等子因素；材质劣化分为经年劣化、侵蚀性水、使用材料及施工方法、钢材腐蚀、碱性集料反应、火灾等子因素；其他因素主要有背后空洞、拱厚、无仰拱等子因素。

杨新安、黄宏伟等人将隧道衬砌病害原因分为设计原因与施工原因两方面。设计方面原因主要有围岩级别划分不准确、衬砌类型选择不当等；施工方面原因主要有先拱后墙法施工、拱顶与围岩不密贴、测量放线不准、过早拆除模板支撑以及施工质量管理不善等。

方利成等人分析了隧道工程常见的水害、冻害、衬砌裂损、衬砌侵蚀等病害的产生、发展原因，并通过图文形式直观地描述了隧道病害的产生机理。

同时，从事隧道工程研究的相关科研人员和工程师也针对具体工程实例分析了隧道病害产生的原因，唐颖、杨惠林、朱常春、李治国等人通过隧道病害实例分析了导致隧道病害的原因有不良地质处理不当、先拱后墙法施工、衬砌背后空洞、冻害等。

1.4.4　病害对衬砌结构安全性的影响

病害对运营隧道衬砌结构安全性的影响是显而易见的，国内外学者基于理论分析、数值计算、现场以及模型试验等技术手段对病害对衬砌结构安全性的影响进行了大量研究。

李治国、张玉军等人基于断裂力学理论研究了带裂缝二次衬砌的结构稳定性问题，计算了不同裂缝深度、宽度、数量下的衬砌裂缝尖端应力强度因子以及衬砌承载安全系数。

傅鹤林等人根据断裂力学理论分析了隧道衬砌开裂机理，认为衬砌混凝土本身存在的原始裂纹在低压作用下使衬砌局部区域内出现裂缝，裂缝在荷载作用下不断增大、延伸并发展成为一个连续的裂缝体系，最终导致混凝土衬砌出现较长的裂缝以及衬砌裂损、掉块。

刘金松通过分析隧道衬砌开裂调查结果建立了隧道衬砌结构极限压力的解析解，应用 I 型 Griffith 裂纹计算理论探讨了裂缝对衬砌结构稳定性的影响。

王伟通过分析公路隧道渗漏水病害的产生机理，采用平板大挠度理论中的伽辽金法和里兹法，研究了防水板在水压力作用下以及混凝土基体缺陷性状条件下的破坏特征，提出了高速公路隧道工程渗漏水的综合治理措施。

傅家鲲基于现场调研资料统计结果提出地下水与衬砌裂缝和渗漏水的关联性，建立了水环境下衬砌裂缝与渗漏水的耦合模型，分析了衬砌结构受力的变化规律和安全性。

M. A. Meguid, H. K. Dang 利用弹塑性有限元法分析了衬砌背后空洞对隧道衬砌应力和弯矩的影响，研究表明空洞的尺寸对隧道衬砌的环向应力有明显的影响，且仰拱下的空洞会使弯矩减小。

吴江滨对隧道衬砌厚度变化及衬砌后接触条件变化对于衬砌应力状态的影响进行了全面系统的研究，认为导致隧道衬砌裂损的主要原因为：弯张作用引起拉应力过大导致的衬砌受拉裂损；剪切作用引起剪应力过大导致的衬砌错台裂损。

李明等人采用室内大比例尺模型试验，分析了衬砌背后存在不同尺寸空洞时衬砌结构承载力大小变化、病害产生的形式和变化规律，并给出了隧道衬砌背后空洞的单项指标健康判据。

1.4.5 隧道衬砌结构健康状态评价

隧道衬砌结构健康状态是衬砌结构保证正常使用和隧道内行车安全的一种技术状态，国内外隧道工程领域的专家、学者对隧道衬砌结构健康状态评定级别的划分和评价方法进行了大量的研究。

日本铁路隧道利用健全度指标将隧道的安全等级分为四级，并按照隧道总体检查和个别检查方法，对地压、劣化、渗漏水、剥落、开裂错动等病害制定了健全度判定基准。我国 TB/T 2820.2—1997《铁路桥隧建筑物劣化评定标准—隧道》规定，采用劣化度的方法判定铁路隧道结构物的功能状态，并将铁路隧道劣化等级划分为 A、B、C、D 四级，其中 A 级又细分为 AA 级和 A1 两级，见表 1-3，同时又将隧道病害分为隧道衬砌裂损、衬砌结构渗漏、衬砌劣化三大类，并给出了不同类型病害的劣化标准和评定方法。

表 1-3　隧道劣化等级划分

劣化等级		对结构功能和行车安全的影响	措施
A	AA（极严重）	结构功能严重劣化，危及行车安全	立即采取措施
	A1（严重）	结构功能严重劣化，进一步发展危及行车安全	尽快采取措施
B（较重）		劣化继续发展会升至 A 级	加强监视，必要时采取措施
C（中等）		影响较少	加强检查，正常维修
D（轻微）		无影响	正常保养及巡检

姜松湖、关宝树等开发了铁路隧道病害诊断专家系统，该系统可以根据病害特征推定隧道病害成因，判断病害程度，并利用层次分析法和模糊数学理论建立了健全度量化判断的模型。罗鑫通过建立公路隧道健康状态诊断指标体系，研究诊断指标的特点并采用乘积标度法、模糊理论和人工神经网络确定各指标权重，进而建立公路隧道健康状态模糊综合评价模型，并开发相应的公路隧道健康状态诊断系统。

基于众多行业专家学者们的贡献，国内外对于隧道病害分级、原因分析、病害对衬砌结构安全性的影响、病害隧道健康状态评价等方面均有较深入研究。但由于受围岩水文地质条件、衬砌结构形式、施工方法的影响，相关研究成果存在一定的局限性。对于采用传统施工方法修建的运营多年的铁路隧道的健康状态评价目前还没有较为深入的研究。

本章彩图（部分）

第 2 章　典型隧道病害调查与结果分析

2.1　引言

当前，针对铁路 a 和铁路 b 隧道病害已有较多资料记载，但相关资料主要依靠目测与经验的方法取得，导致病害记录缺乏客观、准确的数据。为深入研究隧道病害现状，明确病害产生机理、发生与发展规律以及病害对运营隧道的影响，特提出针对三座典型病害隧道的调查方案，结合资料搜集、现场测试、室内试验等方法展开病害调查，统计分析调查结果；在此基础上，结合隧道实际情况分别对砌石衬砌裂损、衬砌渗漏水、混凝土衬砌裂损三种隧道病害因素的机理展开深入分析。

2.2　典型隧道病害调查方案

隧道调查方案主要针对病害突出且具有代表性的典型隧道进行展开，内容包括典型隧道的选取原则、病害信息内容的调查及病害检测及调查的方法。

2.2.1　典型隧道的选定

典型病害隧道的选定包括三个原则：
1) 隧道病害严重且具有代表性，某一种或多种病害突出。
2) 隧道衬砌具有代表性，能代表研究区域典型的隧道衬砌类型。
3) 隧道长度适中，有利于检测方案的实施。

结合上述原则与隧道具体病害情况，本调查方案选择隧道①、隧道②、隧道③为检测对象，各隧道的基本情况如下：

1. 隧道①简介

隧道①建于 1965 年，受建设时期建筑材料短缺的限制，隧道除出口外均采用浆砌料石拱圈与边墙的衬砌形式，具有这一时期修建隧道的典型特征。经过多年运营与维护，目前隧道部分区域出现拱圈浆砌料石剥落、砂浆灰缝掉落的情况，如图 2-1 所示，严重影响列车运营安全。

　　　　a)　　　　　　　　　　　　　　b)

图 2-1　隧道①砌石衬砌剥落裂损情况

2. 隧道②简介

隧道②建于 1982 年，全长 570m，为隧道 a 上双线隧道，衬砌断面大。隧道采用混凝土衬砌，部分区段设置复合防水层。由于隧道跨度大，地质条件差，目前隧道衬砌裂损情况严重，裂缝较多，开裂处衬砌裂损并呈现出贯通趋势，部分衬砌裂损情况如图 2-2 所示。

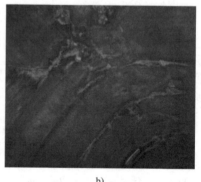

　　　　a)　　　　　　　　　　　　　　b)

图 2-2　隧道②衬砌裂损情况

3. 隧道③简介

隧道③建于 1984 年，其典型特征在于衬砌根据施工时现场地质条件施作，洞口段采用混凝土衬砌，隧道中分布有混凝土衬砌段、砌石衬砌段、无衬砌段，不同衬砌类型之间的接缝多，加之隧道运营时间久、衬砌开裂等情况，造成隧道渗漏水病害严重，渗水、漏水情况普遍如图 2-3 所示，雨季甚至发生射水情况。

a) b)

图 2-3 隧道③渗漏水现场情况

上述三座典型隧道，在建造时间上具有依次先后顺序，在设计上具有各时期的设计思想与理念，施工上也能代表当时的施工工艺水平，病害类型也是铁路运营隧道常见病害。所以，隧道调查方案基于上述三座典型隧道病害情况展开。

2.2.2 隧道病害调查内容

隧道结构是围岩约束下的地下建筑物，隧道病害的发生往往是多方面因素作用的结果，为全面了解隧道病害的产生与发展规律，对隧道病害调查不仅要通过实地检测，还需要搜集隧道建设、施工等阶段的资料。因此，隧道调查分资料搜集和现场检测两个部分。

1. 资料搜集

1) 工程地质资料：隧道位置，围岩岩性，围岩力学参数。
2) 隧道设计资料：隧道断面设计图，衬砌支护设计参数，衬砌材料参数。
3) 隧道施工与验收资料：施工日志，施工工艺，不良地质情况记录，施工质量报告等。

2. 现场检测

1) 衬砌结构外观质量及裂损观测：观测裂缝的位置及延伸方向；测量裂缝的长度、宽度、深度；检查衬砌外观性状，如衬砌剥落、掉块等。
2) 衬砌强度检测。
3) 衬砌厚度及衬砌背后围岩密实情况检测。
4) 隧道渗漏水情况调查。隧道渗漏水情况调查主要针对渗漏水发生的位置，渗漏水情况以及附近是否发生衬砌裂损情况。

2.2.3 隧道现场调查方法

现场调查时针对不同的检测内容，分别采用地质雷达、回弹仪、钻芯机、裂缝测宽仪、裂缝测深仪等仪器进行检测及取样，并采用病害展开图记录病害的形态、位置。现场调查方法及设备见表2-1。

表2-1 现场调查方法及设备

序号	调查项目	调查方法及设备	备注
1	衬砌结构外观质量	数码相机、钢尺、地质锤	
2	隧道裂缝	裂缝深度检测仪、裂缝宽度检测仪	
3	隧道渗漏水	数码相机、pH试纸	
4	衬砌强度	回弹仪、钻芯机	
5	衬砌厚度及背后回填	地质雷达、轨道车、高空作业车	

1. 裂缝宽度测量

裂缝宽度采用DJCK-2智能裂缝测宽仪（图2-4），测量位置选取裂缝最宽处，当目测读数困难时，多次测量取平均值。测量时将显微探头扫描裂缝，仪器屏幕即可显示宽度数值，数值精确到0.01mm（图2-5）。

图2-4 DJCK-2智能裂缝测宽仪

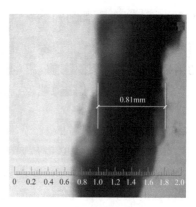

图2-5 测宽仪读数

2. 裂缝深度测量

裂缝深度采用DJCS-05裂缝测深仪（图2-6），其原理是利用发射和接受超声波时裂缝位置处超声波传播时间的变化来计算裂缝的深度。如图2-7所示，A为裂缝尖端，B为超声波发射点，1、2、3、4均为超声波接收点，3点时程即为裂缝深度。

3. 隧道衬砌强度检测

衬砌强度检测采用CS3-AA回弹仪，如图2-8所示，其构造如图2-9所示。回弹仪的基本原理是

图2-6 DJCS-05裂缝测深仪

仪器用弹簧对重锤加力,当弹簧释放时,冲击杆以恒定的能量撞击测试表面,当重锤受冲击弹回时,滑块回弹至最高处,同时通过标尺测出重锤被反弹回来的距离。根据回弹值与被测试体之间的强度关系,得出被测物体的强度。

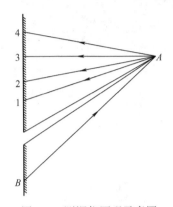

图 2-7　测深仪原理示意图

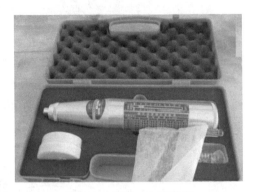

图 2-8　CS3－AA 回弹仪

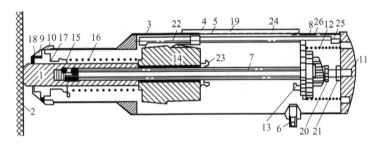

图 2-9　CS3－AA 回弹仪构造图
1—冲杆　2—试验构件表面　3—套筒　4—指针　5—刻度尺　6—按钮　7—导杆　8—导向板
9—螺钉盖帽　10—卡环　11—后盖　12—压力弹簧　13—钩子　14—锤　15、26—弹簧　16—拉力弹簧
17—轴套　18—毡圈　19—护尺透明片　20—调整螺钉　21—紧固螺钉　22—弹簧片
23—铜套　24—指针导杆　25—固定块

4. 隧道衬砌厚度及衬砌背后围岩的密实情况检测

衬砌厚度及衬砌背后围岩的密实情况检测采用 SIR－20 型地质雷达,其使用的是 400MHz 收发一体式屏蔽天线。地质雷达是一种宽带高频电磁波信号探测设备,它是利用电磁波信号在物体内部传播时电磁波的运动特点进行探测的,地质雷达系统主要由图 2-10 所示的几部分组成。

地质雷达的检测原理为:通过雷达的发射天线在隧道衬砌表面向其内部发射频率为数百兆赫兹的高频电磁波,当电磁波遇到不同电性界面时便会发生反射及透射,反射波返回衬砌表面时,又被雷达的接收天线接收(本次检测所用的天线为收发合一的屏蔽天线),如图 2-11 和图 2-12 所示。

图 2-10　SIR-20 型地质雷达和 400MHz 屏蔽天线

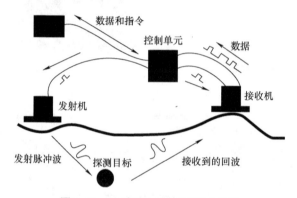

图 2-11　地质雷达系统组成示意图

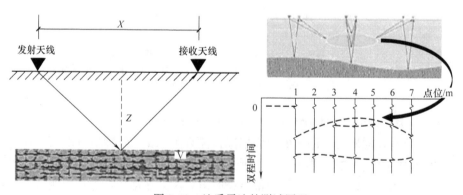

图 2-12　地质雷达的测试原理

此时，通过雷达主机记录电磁波从发射到接收的双程旅时 Δt，而电磁波在衬砌内传播的速度 v 可由已知衬砌厚度段（避车洞或明洞）等测定出来，由 $D = v \cdot \Delta t / 2$ 即可求出反射面的深度即衬砌厚度。

在地质雷达法勘探中，电磁波通常被近似为均匀平面波。在高阻媒介中，其

传播速度取决于媒质的相对常数 ε_r, 即

$$V = \frac{C}{\varepsilon_r^{1/2}} \tag{2-1}$$

式中 C——空气中的电磁波波速，取 $3 \times 10^8 \mathrm{m/s}$；

ε_r——媒质的相对介电常数。

电磁波在遇到不同媒质界面时的反射系数为

$$R = \frac{\varepsilon_1^{1/2} - \varepsilon_2^{1/2}}{\varepsilon_1^{1/2} + \varepsilon_2^{1/2}} \tag{2-2}$$

由此可知，电磁波的反射系数取决于界面两边媒质的相对介电常数的差异，两种媒质的差异越大，其反射系数也就越大。在隧道衬砌的质量检测过程中，主要涉及的媒质有：混凝土、钢筋、空气、水和隧道围岩。常见媒介的相对介电常数见表2-2。

表2-2 常见媒介的相对介电常数

介　　质	介电常数（相对值）	电磁波波速 $v/(\mathrm{m/ns})$
空气	1	0.3
水	81	0.033
花岗岩（干）	5	0.15
土（湿）	15	0.077
砂黏土（湿）	25	0.06
混凝土	6.5~12	0.09~0.13

2.3 隧道调查结果

通过搜集资料，深入分析隧道地质条件、衬砌形式及主要病害等情况，制订针对性的检测方案，结合上述检测设备，分别对隧道①、隧道②、隧道③展开病害检测。检测完成后，结合现场的病害记录与地质雷达检测结果对病害进行统计分析；对衬砌试件进行室内实验，并结合现场回弹数值对实验结果进行分析，由此展开对隧道病害的机理性研究。

2.3.1 隧道①调查情况简介

1. 隧道①基本情况

隧道①进口处附近块石堆积，形成一道层理褶曲的断层，洞口段为中奥陶纪宝塔灰岩，洞身部分为扬子贝构造页岩、夹灰岩，层理比较发育；此外，隧道穿过溶洞和大断层等病害地段，其中大断层地段岩层层理凌乱，褶曲严重；隧道所

穿越的山区均有裂隙水活动，特别是雨季，水量更大。隧道①全长1037.2m，洞身基本情况见表2-3，可知隧道基本为直边墙砌石衬砌，衬砌厚度在不同区段有所变化。

表2-3 隧道①洞身基本情况

洞身标段/m	衬砌类型	衬砌厚度/cm		衬砌材料		长度/m
		拱圈	边墙	拱圈	边墙	
0~37	直墙式	40	50	浆砌块石	浆砌块石	37
37~187	直墙式	30	50	浆砌块石	浆砌块石	150
187~222	直墙式	55	55	浆砌块石	浆砌块石	35
222~327	直墙式	50	50	浆砌块石	浆砌块石	105
327~497	直墙式	40	40	浆砌块石	浆砌块石	170
497~517	直墙式	50	50	浆砌块石	浆砌块石	20
517~1015	直墙式	50	65	浆砌块石	浆砌块石	498
1015~1028	直墙式	55	75	浆砌块石	浆砌块石	13
1028~1037.2	直墙式	55	75	混凝土	混凝土	9.2

2. 隧道①现场病害情况

隧道①病害表现为砌石衬砌裂损，由于裂损部位分布不规律，砌石之间的连接缝隙较多，难以通过仪器一一测得，主要通过检测车进行现场观测，并结合一定的测量方法进行记录，记录结果如图2-13～图2-15所示。

 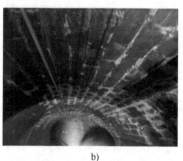

a)　　　　　　　　　　　　b)

图2-13　砌石衬砌拱部裂损

记录结果表明，隧道①部分区段砌石衬砌裂损较严重，表现为以下特征：

1）衬砌裂损位置集中，主要发生在拱顶与拱腰部位，边墙部位衬砌完整性较好。

2）砌石衬砌裂损包括砌石表面剥落与砌石之间砂浆灰缝掉落，剥落位置多发生在砌块连接缝之间。

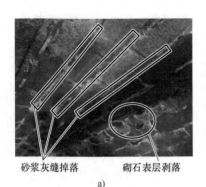

图 2-14 砌石局部剥落及砂浆灰缝掉落

图 2-15 砌石衬砌局部裂损图

3)砌石衬砌裂损部位多未见明显渗漏水现象。

3. 实验结果分析

为研究隧道①砌石衬砌材料物理力学特性,在隧道衬砌边墙钻取芯样,经过打磨,采用 MTS322 材料试验机进行力学实验,砌石衬砌芯样、试验加载仪器、室内试验加载、芯样破坏结果如图 2-16~图 2-19 所示。

图 2-16 砌石衬砌芯样　　　　　　图 2-17 芯样加载试验机

图2-18 芯样加载试验　　　　　　图2-19 芯样破坏结果

通过力学实验，进一步分析力学实验结果，得出力学特性测试结果，见表2-4。

表2-4 隧道①岩石力学实验测试结果

试样编号	边长/(mm×mm)	高度/mm	峰值荷载/kN	单轴抗压强度/MPa	弹性模量/GPa	泊松比μ
1	38.16×47.38	106.60	103.114	57.032	30.890	0.25
2	36.75×40.18	107.26	65.729	44.513	30.951	0.26

将上述实验结果与《工程地质手册》（第四版）中灰岩物理力学参数相比较，两试件为中硬岩；实验结果表明两试样弹性模量与泊松比两个力学参数较接近，由于试件2存在明显裂缝（图2-16），使其峰值荷载与单轴抗压强度明显比试件1低。

4. 砌石衬砌裂损原因分析

现场检测、室内试验及资料分析表明，隧道①衬砌裂损是多方面因素共同作用的结果。

1）从外部角度来看，隧址区域岩体破碎，围岩风化断层裂隙较多，且存在溶洞，地质总体情况较差，衬砌承受的围岩压力较大。在隧道的长期运营过程中，内燃机车烟尘产生气体有一定的腐蚀性，雨季情况下衬砌渗漏水加剧了衬砌腐蚀，导致部分衬砌出现裂损。

2）从内部角度来看，砌石衬砌是由砌块和砌块之间的砂浆连接缝构成的，砌块刚度较大，承受压应力的能力也较大，耐久性较好，而砂浆刚度较小，耐久性相对较差；在隧道服役过程中，砂浆易老化出现剥落等问题，导致砌块连接处受力不均匀，从而导致砌石裂损甚至剥落。

3）从受力角度来看，衬砌整体结构承受的轴力相对均匀，有助于结构稳定；衬砌弯矩则出现正负交替，特别是在衬砌拱部内侧，衬砌承受正弯矩，砌石与砂浆间的连接缝承受拉应力，而砌石与砂浆均为抗拉能力较低的材料，导致衬砌拱部内侧砌石与砂浆连接缝裂损的综合性病害，砌石衬砌受力形式如图 2-20 和图 2-21 所示。

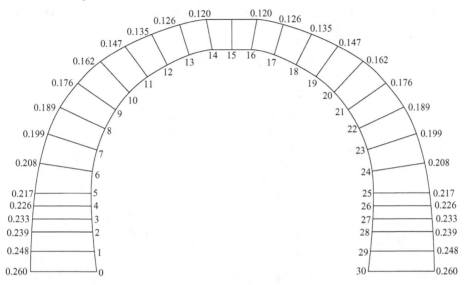

图 2-20　直墙式衬砌轴力

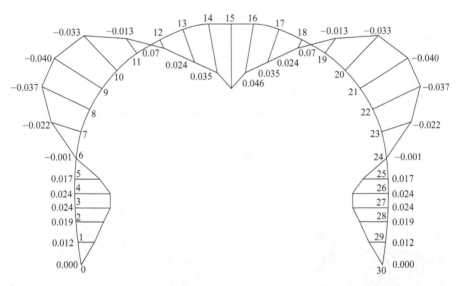

图 2-21　直墙式衬砌弯矩

2.3.2　隧道②调查情况简介

1. 隧道②基本情况

隧道②穿越中梁山背斜东翼香溪统砂岩构成的走向山咀，隧址区域内主要有砂黏土夹块碎石、极风化破碎长石砂岩、页岩夹砂岩、砂岩偶夹页岩；水文资料缺乏，隧道出口左侧边墙处有一稳定出水口，水量较大，推测隧址区域内存在一定的地下水分布。隧道全长 570m，断面大，埋深浅，基本处于 V、Ⅵ 级围岩，洞身衬砌基本情况见表 2-5。

表 2-5　隧道②洞身衬砌基本情况

洞深标段/m	衬砌类型	材料		衬砌厚度/cm	铺底
		拱圈	边墙		
0~15	明洞	钢筋混凝土	钢筋混凝土	80	钢筋混凝土仰拱
15~50	曲墙式	混凝土	混凝土	90	混凝土仰拱
50~100	曲墙式	混凝土	混凝土	60	混凝土
100~125.8	曲墙式	混凝土	混凝土	40	混凝土
125.8~135	曲墙式	混凝土	混凝土	50	混凝土
135~159.9	曲墙式	混凝土	混凝土	40	混凝土
159.9~275	曲墙式	混凝土	混凝土	50	混凝土
275~323	曲墙式	钢筋混凝土	钢筋混凝土	50	混凝土
323~350	曲墙式	混凝土	混凝土	70	混凝土
350~367	曲墙式	混凝土	混凝土	60	混凝土
367~385	曲墙式	混凝土	混凝土	90	混凝土
385~500	曲墙式	混凝土	混凝土	70	混凝土
500~520	曲墙式	混凝土	混凝土	90	混凝土
520~570	明洞	钢筋混凝土	钢筋混凝土	80	钢筋混凝土仰拱

2. 隧道②病害情况

隧道②病害检测结合现场观测、裂缝测宽仪、地质雷达进行，现场隧道病害情况如图 2-22~图 2-29 所示。

图 2-22　斜向裂缝

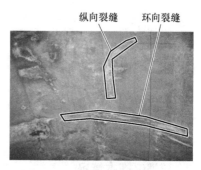

图 2-23　环向裂缝与纵向裂缝

第 2 章　典型隧道病害调查与结果分析

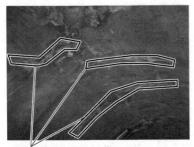

图 2-24　环向裂缝

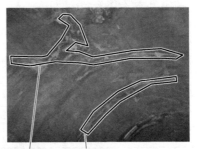

图 2-25　交叉裂缝与环向裂缝

图 2-26　交叉裂缝（一）

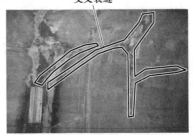

图 2-27　交叉裂缝（二）

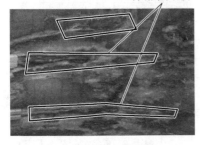

图 2-28　衬砌局部裂损

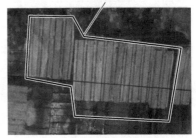

图 2-29　衬砌大面积漏水

隧道②衬砌裂损病害严重，突出表现为衬砌开裂、局部裂损、表层剥落，具体包括两个方面：

1）衬砌开裂较多，裂缝形态有纵向裂缝、斜向裂缝、环向裂缝三种，其中单一的裂缝形态较少，一般为多种裂缝交汇形成的交叉裂缝。

2）衬砌开裂部位多伴随有混凝土剥落等情况，在部分混凝土开裂部位有明显的渗漏水或渗漏水痕迹。

3. 衬砌裂缝测量结果

针对隧道衬砌三条典型裂缝，采用裂缝测量仪观测裂缝长、宽、深等状态，测量结果见表2-6。

表2-6 隧道②衬砌裂缝

洞身标范围/m	位置	走向	裂缝参数		
			长度/m	宽度/mm	深度/mm
291~295.5	拱腰	斜向	4.5	1.4	96
350~352	拱腰	纵向	2.0	1.6	143
357~360.5	拱腰	斜向	3.5	0.8	245

衬砌裂缝测量结果表明，拱腰处裂缝走向存在斜向和纵向两种方式，其中裂缝长度各异，深度从几厘米到几十厘米均有分布，裂缝宽度相对较小，为几个毫米左右。

4. 地质雷达检测结果

通过地质雷达对隧道右边墙、右拱腰处衬砌背后缺陷与衬砌厚度进行检测，检测结果见表2-7和表2-8。

表2-7 隧道②衬砌背后缺陷检测结果

序号	测线位置	缺陷里程	缺陷类型	备注
1	右拱腰	425.8~430	衬砌背后不密实	
2	右拱腰	457.5~460	衬砌背后不密实	
3	右拱腰	461.3~463.7	衬砌背后不密实	
4	右拱腰	471~472.5	衬砌背后不密实	
5	右拱腰	480~482.5	衬砌背后不密实	
6	右拱腰	500~502.5	衬砌背后不密实	
7	右拱腰	388.9~390.6	衬砌背后不密实	
8	右拱腰	397~398.6	衬砌背后不密实	
9	右拱腰	342~344	衬砌背后不密实	
10	右拱腰	356.6~358.1	衬砌背后不密实	
11	右拱腰	331.5~334	衬砌背后不密实	
12	右拱腰	335.5~337	衬砌背后不密实	
13	右边墙	401~403	衬砌背后不密实	

衬砌背后的缺陷检测结果表明，检测区域内衬砌背后不密实情况较多，且主要分布在拱腰位置。

衬砌厚度检测结果表明，检测隧道的衬砌实际厚度较设计厚度偏小，其中拱腰实际厚度与设计厚度相差较小，边墙实际厚度与设计厚度在部分区域相差较大。主要原因是检测区域隧道边墙厚度设计值较大，为1.17~1.26m，拱腰的设计厚度为0.60~0.70m，导致边墙实际厚度离散程度较大。

表 2-8 隧道②衬砌厚度检测结果

参数		325~330	330~335	335~340	340~345	345~350	350~355	355~360	360~365	365~370	370~375	375~380	380~385	385~390	390~395	395~400	400~405	405~410	410~415	415~420	420~425
长度/m		5	5	5	5	5	5	5	5	5	5	5	5	5	5	5	5	5	5	5	5
右边墙	设计/cm	126	126	126	126	126	126	126	126	126	126	126	126	126	126	126	126	126	126	126	126
	实测/cm	不清	126	124	128	125	73	75	76	75	81	100	100	不清	不清	不清	不清	不清	114	121	112
右拱腰	设计/cm	70	70	70	70	70	70	70	70	70	70	70	70	70	70	70	70	70	70	70	70
	实测/cm	60	62	65	68	68	69	71	60	62	70	72	不清	67	70	72	64	71	66	64	72

参数		425~430	430~435	435~440	440~445	445~450	450~455	455~460	460~465	465~470	470~475	475~480	480~485	485~490	490~495	495~500	500~505	505~510	510~515	515~520	520~525
长度/m		5	5	5	5	5	5	5	5	5	5	5	5	5	5	5	5	5	5	5	5
右边墙	设计/cm	126	126	126	126	126	126	126	126	126	126	126	126	126	126	126	126	126	126	126	
	实测/(cm)	不清	131	132	100	111	109	113	111	114	123	98	103	120	117	90	178	178	178	178	
右拱腰	设计/cm	70	70	70	70	70	70	70	70	70	70	70	70	70	70	70	不清	不清	不清	不清	
	实测/cm	70	70	70	68	68	70	70	68	71	72	74	62	58	69	70	74	74	90	90	

参数		525~530	530~535	535~540	540~545	545~550
长度/m		5	5	5	5	5
右边墙	设计/cm	80	80	80	80	80
	实测/cm	81	73	83	71	80
右拱腰	设计/cm					
	实测/cm					

5. 实验结果分析

为研究隧道②混凝土衬砌材料物理力学特征，在隧道内钻取两个芯样，并通过 MTS322 材料试验机进行力学实验，衬砌芯样加载、芯样破坏结果分别如图 2-30 和图 2-31 所示。

图 2-30 衬砌芯样加载

图 2-31 芯样破坏结果

实验结果经过整理，得到隧道衬砌力学参数，见表 2-9。

表 2-9 隧道②衬砌力学实验测试结果

试样编号	直径/mm	高度/mm	峰值荷载/kN	单轴抗压强度/MPa	弹性模量/GPa	泊松比 μ
572-1	98.90	210.14	84.078	10.945	9.611	0.23
520-1	99.02	195.20	94.038	12.211	10.379	0.27

根据隧道相关资料，衬砌混凝土设计强度为 200 级（相当于 C18 混凝土），接近目前常用的 C20 混凝土（C20 混凝土相关参数：轴心抗压强度 13.4MPa，弹性模量 2.5×10^4 MPa，泊松比 0.2）。

岩样钻芯取样的同时，在衬砌相关区域采用回弹仪进行回弹强度检测，结果见表 2-10，通过强度换算，统计分析得到混凝土强度均值 15.11MPa，方差为 5.08。

表 2-10 隧道②衬砌回弹值

洞身标/m	位置	测点编号															回弹平均值/MPa	换算强度/MPa
		1	2	3	4	5	6	7	8	9	10	11	12	13	14	15	16		
		回弹值/MPa																	
110	左边墙	38	40	42	34	28	30	37	36	38	34	30	31	35	31	34	30	34.14	18.4
150	左边墙	34	32	32	28	26	25	32	30	27	30	32	25	24	27	30	27	28.93	13.8
170	右边墙	33	20	35	23	26	27	23	30	20	30	23	22	24	28	26		26.00	11.6
190	左边墙	30	36	35	35	33	38	40	38	40	40	32	34	33	36	35	32	35.50	19.6

（续）

洞身标/m	位置	测点编号																回弹平均值/MPa	换算强度/MPa
		1	2	3	4	5	6	7	8	9	10	11	12	13	14	15	16		
		回弹值/MPa																	
285	右边墙	38	50	40	41	46	48	40	40	46	50	45	40	41	41	44	48	43.57	29.6
305	左边墙	26	21	22	24	26	26	24	20	23	20	25	25	23	24	18	26	23.93	10.1
325	右边墙	37	40	40	29	40	42	38	40	42	40	37	42	44	32	42	40	39.43	24.2
355	左边墙	40	35	38	35	33	36	39	35	37	40	32	35	35	37	39	36	36.43	20.6
385	右边墙	20	27	24	21	25	26	24	24	25	26	23	24	22	23	24	25	24.07	10.1
405	左边墙	30	34	30	32	27	34	34	30	34	29	28	29	34	34	27	32	31.07	15.5
415	右边墙	20	20	19	22	21	23	24	25	24	22	22	22	21	19	24	20	21.79	10.1
435	左边墙	30	34	30	38	34	35	31	35	37	31	30	34	30	30	33	30	32.64	17.0
455	右边墙	31	29	27	29	30	30	34	30	34	35	24	35	31	29	30	29	30.29	14.9
477	左边墙	29	25	23	24	25	26	25	24	26	28	24	28	25	28	29	29	25.57	11.3
510	右边墙	30	32	32	30	28	28	31	29	34	27	24	30	31	27	27	27	29.14	14.1
492	左边墙	36	40	39	36	30	32	34	29	31	29	34	30	29	37	37	35	33.21	17.6
520	左边墙	26	24	20	18	16	20	18	22	24	24	22	24	17	17	26	39	21.29	10.2
518	右边墙	25	34	25	27	28	26	29	20	38	27	33	24	39	27	34	32	28.86	13.8
518	左边墙	30	34	28	30	29	27	27	29	39	31	28	27	25	32	32	30	29.64	14.4
573	右边墙	18	24	18	22	20	19	20	21	22	25	24	25	15	16	23	24	21.14	10.2
573	左边墙	18	21	15	22	24	29	26	24	25	19	21	27	26	23	24		23.36	10.2

6. 隧道衬砌开裂原因分析

分析表明，隧道②衬砌开裂普遍，结合隧道资料分析，隧道衬砌开裂原因主要包括以下两方面：

1）从材料本身来看，混凝土在未施加荷载以前内部已经存在裂缝及缺陷，特别是骨料级配不均匀时导致的离析与泌水，水泥本身的收缩开裂，水泥与粗、细骨料界面上的黏结裂缝，以及施工原因造成的空洞、孔隙及气泡等；隧道②地质情况较差，基本处于Ⅴ、Ⅵ围岩，衬砌断面大，隧道运营时间较久。

2）从力学角度来看，混凝土本身存在的原始裂缝，在低压力作用下（混凝土应力不大于极限应力的50%），混凝土内部微小局部区域内引发一些裂缝（裂缝宽度<2mm），这些裂缝在低荷载作用下保持稳定；当荷载增加，裂缝就开始增大、延伸，发展成为一个连续的裂缝体系；当混凝土衬砌上出现长度较大的裂缝时，衬砌出现裂损、轻微掉块，若荷载继续加大，裂缝将继续延伸，裂缝体系变得不稳定，导致衬砌断裂破坏。

2.3.3 隧道③调查情况简介

1. 隧道③基本情况

隧道③建于1984年,水文地质资料缺乏,根据现场勘查,隧道存在较多漏水区域,由此推测隧址区域内存在地下水分布;隧道③洞身基本情况见表2-11。

表2-11 隧道③洞身基本情况

洞深标段/m	衬砌类型	衬砌材料		衬砌厚度/cm		长度/m
		拱圈	边墙	拱圈	边墙	
0~15	直墙式	混凝土	混凝土	25	25	15
15~142	直墙式	网喷	网喷	10	10	127
142~192	直墙式	混凝土	混凝土	35	35	50
192~218	直墙式	混凝土	混凝土	35	35	26
218~242	直墙式	混凝土	混凝土	35	35	24
242~279	直墙式	混凝土	混凝土	35	35	37
279~293	直墙式	混凝土	混凝土	50	80	14
293~308	直墙式	钢筋混凝土	混凝土	80	100	15
308~339	直墙式	混凝土	混凝土	50	80	31
339~489	直墙式	混凝土	混凝土	35	35	50
489~537	直墙式	混凝土	混凝土	45	60	48
537~548	直墙式	混凝土	混凝土	45	60	11
548~590	直墙式	混凝土	混凝土	45	45	42
590~621	直墙式	钢筋混凝土	混凝土	45	60	31
621~640	直墙式	混凝土	混凝土	60	80	19

2. 隧道③病害情况

隧道③病害检测采用现场观测与地质雷达检测的方式。其中,现场观测主要针对衬砌渗漏水情况。隧道③渗漏水记录见表2-12,衬砌渗漏水现场情况如图2-32~图2-38所示。

表2-12 隧道③渗漏水记录

洞身标范围/m	位置	状态	洞身标范围/m	位置	状态
1~9	左边墙	渗水	0~12	右边墙	湿润
15~20	左拱腰	漏水	30~35	左边墙	漏水
37~47	拱顶	漏水	50~55	左边墙	严重漏水
72~76	右边墙	湿润	82~85	左边墙	漏水

（续）

洞身标范围/m	位置	状态	洞身标范围/m	位置	状态
86~91	左拱腰	滴水	122~126	右边墙	漏水
126~131	左拱腰	滴水	137~140	左拱腰	滴水
145~150	左边墙	湿润	152	左边墙	漏水
162	环向	漏水	152	右拱腰	漏水
165	左边墙	湿润	172~180	左边墙	湿润
190	左边墙	漏水	190	右拱腰	湿润
195	左边墙	湿润	198	左拱腰	滴水
205	拱顶	漏水	209~215	左拱腰	漏水
240	拱顶	漏水	290	左边墙	湿润
300	左拱腰	射水	355	左拱腰	湿润
365	左边墙	湿润	375	左边墙	湿润
450	拱顶	滴水	560	拱顶	滴水

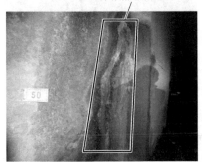

图 2-32 衬砌相交处渗漏水

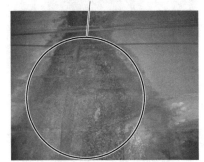

图 2-33 衬砌边墙渗水

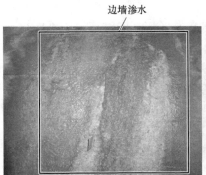

a)

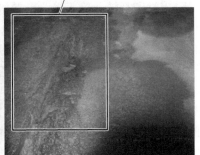

b)

图 2-34 边墙渗水

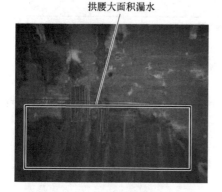
图 2-35　拱腰大面积漏水

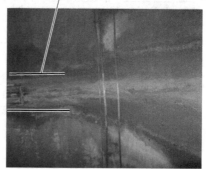
图 2-36　拱部漏水

图 2-37　拱部环向施工缝漏水（一）

图 2-38　拱部环向施工缝漏水（二）

由隧道现场记录情况可知，隧道③渗漏水病害突出，表现为：

1）衬砌拱部、边墙均有渗漏水病害发生，在隧道的拱部位置渗漏水集中，主要表现为滴水、漏水，水量较大；在边墙区域渗漏水面积较大，表现为渗水、漏水，水量一般较小。

2）隧道衬砌裂缝、施工缝为渗漏水多发区域，同时隧道中不同衬砌类型的连接处也是渗漏水较多区域。

3. 地质雷达检测结果

采用地质雷达探测的方式对衬砌密实度与背后空洞进行检测，主要检测项目有：二次衬砌厚度、衬砌背后是否密实或存在脱空，二次衬砌厚度检测结果见表 2-13，衬砌背后是否密实或存在脱空情况见表 2-14。

由衬砌厚度检测结果可知，隧道③衬砌基本处于厚度不足的状态，其中，边墙部位实际厚度与设计厚度相差较大，拱腰部位实际厚度与设计厚度相差不大。同时，针对衬砌缺陷检测可知，隧道③衬砌背后不密实情况分布广泛，拱部与边墙均有发生，且部分不密实情况呈现出背后脱空的问题。

表2-13 隧道③二次衬砌厚度检测结果

参数	里程/m																			
	145~150	150~155	155~160	160~165	165~170	170~175	175~180	180~185	185~190	190~195	195~200	200~205	205~210	210~215	215~220	220~225	225~230	230~235	235~240	240~245
长度/m	5	5	5	5	5	5	5	5	5	5	5	5	5	5	5	5	5	5	5	5
右边墙 设计/cm	35	35	35	35	35	35	35	35	35	35	35	35	35	35	35	35	35	35	35	35
右边墙 实测/cm	44	41	41	47	51	50	47	53	46	44	46	48	47	50	52	44	44	51	54	42
右拱腰 设计/cm	35	35	35	35	35	35	35	35	35	35	35	35	35	35	35	35	35	35	35	35
右拱腰 实测/cm	51	37	39	35	40	46	40	36	37	35	35	34	37	37	39	42	45	40	40	35

参数	里程/m																			
	245~250	250~255	255~260	260~265	265~270	270~275	275~280	280~285	285~290	290~295	295~300	300~305	305~310	310~315	315~320	320~325	325~330	330~335	335~340	340~345
长度/m	5	5	5	5	5	5	5	5	5	5	5	5	5	5	5	5	5	5	5	5
右边墙 设计/cm	35	35	35	35	35	35	35	80	80	80	80	100	100	80	80	80	80	80	80	80
右边墙 实测/cm	44	41	41	47	51	50	47	53	64	60	101	100	97	80	80	63	66	65	66	58
右拱腰 设计/cm	35	35	35	35	35	35	35	50	50	50	80	80	50	50	50	50	50	50	50	50
右拱腰 实测/cm	33	37	39	35	40	46	40	37	37	35	60	73	73	54	52	51	51	55	51	49

参数	里程/m																			
	345~350	350~355	355~360	360~365	365~370	370~375	375~380	380~385	385~390	390~395	395~400	400~405	405~410	410~415	415~420	420~425	425~430	430~435	435~440	440~445
长度/m	5	5	5	5	5	5	5	5	5	5	5	5	5	5	5	5	5	5	5	5
右边墙 设计/cm	80	80	80	80	80	80	80	80	80	80	80	80	80	80	80	80	80	80	80	80
右边墙 实测/cm	61	70	62	60	62	57	60	61	58	54	58	60	62	63	56	63	61	64	68	65
右拱腰 设计/cm	50	50	50	50	50	50	50	50	50	50	50	50	50	50	50	50	50	50	50	50
右拱腰 实测/cm	51	46	46	47	47	42	45	52	40	50	40	46	49	51	50	50	53	50	52	47

(续)

参数	里程/m																			
	445~450	450~455	455~460	460~465	465~470	470~475	475~480	480~485	485~490	490~495	495~500	500~505	505~510	510~515	515~520	520~525	525~530	530~535	535~540	540~545
长度/m	5	5	5	5	5	5	5	5	5	5	5	5	5	5	5	5	5	5	5	5
右边墙 设计/cm	80	80	80	80	80	80	80	80	80	60	60	60	60	60	60	60	60	60	60	60
右边墙 实测/cm	55	55	59	66	72	66	65	65	56	64	64	52	56	67	63	70	67	60	55	60
右拱腰 设计/cm	50	50	50	50	50	50	50	50	50	35	35	35	35	35	35	35	35	35	35	45
右拱腰 实测/cm	47	52	52	50	50	47	53	51	50	51	47	47	46	44	41	39	47	51	43	50

参数	里程/m														
	545~550	550~555	555~560	560~565	565~570	570~575	575~580	580~585	585~590	590~595	595~600	600~605	605~610	610~615	615~620
长度/m	5	5	5	5	5	5	5	5	5	5	5	5	5	5	5
右边墙 设计/cm	60	45	45	45	45	45	45	45	45	45	45	45	45	45	45
右边墙 实测/cm	55	55	53	56	60	55	53	52	52	52	不清	52	51	49	48
右拱腰 设计/cm	45	45	45	45	45	45	45	45	45	45	45	45	45	45	45
右拱腰 实测/cm	49	43	42	55	47	53	50	46	49	47	46	47	46	47	47

表2-14 隧道③缺陷检测结果

序号	测线位置	缺陷里程	缺陷类型	备注
1	右拱腰	175~180	衬砌背后不密实	
2	右拱腰	185~193	衬砌背后不密实	
3	右拱腰	208.2~211	衬砌背后脱空	脱空范围：8~10cm
4	右拱腰	203~205	衬砌背后不密实	
5	右拱腰	221~226	衬砌背后不密实	
6	右拱腰	245~250.8	衬砌背后不密实	
7	右拱腰	273~275	衬砌背后不密实	
8	右拱腰	278.9~279.8	衬砌背后不密实	
9	右拱腰	281~282	衬砌背后不密实	
10	右拱腰	300~301	衬砌背后脱空	脱空范围：8~15cm
11	右拱腰	310~312	衬砌背后不密实	
12	右拱腰	318~320	衬砌背后不密实	
13	右拱腰	321~325	衬砌背后不密实	
14	右拱腰	340~345	衬砌背后不密实	
15	右拱腰	347~360	衬砌背后不密实	
16	右拱腰	370~372.5	衬砌背后不密实	
17	右拱腰	375~380	衬砌背后不密实	
18	右拱腰	385.5~386.5	衬砌背后脱空	脱空范围：12cm
19	右拱腰	391.5~393	衬砌背后不密实	
20	右拱腰	402~406	衬砌背后不密实	
21	右拱腰	411~415.5	衬砌背后不密实	
22	右拱腰	422.5~426	衬砌背后不密实	
23	右拱腰	441~449	衬砌背后不密实	
24	右拱腰	458~460	衬砌背后不密实	
25	右拱腰	470~475	衬砌背后脱空	脱空范围：6~8cm
26	右拱腰	480~485.5	衬砌背后不密实	
27	右拱腰	496~501	衬砌背后不密实	
28	右拱腰	524~526	衬砌背后不密实	
29	右拱腰	537.5~540	衬砌背后不密实	
30	右拱腰	559~560	衬砌背后不密实	
31	左边墙	604~605.5	衬砌背后脱空	脱空范围：6~7cm
32	左边墙	593~593.8	衬砌背后脱空	脱空范围：6~10cm

（续）

序号	测线位置	缺陷里程	缺陷类型	备 注
33	左边墙	484~485.2	衬砌背后不密实	
34	左边墙	480.5~482	衬砌背后不密实	
35	左边墙	472.7~474.5	衬砌背后不密实	
36	左边墙	468.5~470	衬砌背后脱空	脱空范围：12~20cm
37	左边墙	423.8~425.5	衬砌背后不密实	
38	左边墙	417.2~419	衬砌背后不密实	
39	左边墙	368~369.1	衬砌背后不密实	
40	左边墙	345~348	衬砌背后脱空	脱空范围：10~15cm
41	左边墙	304~305.5	衬砌背后脱空	脱空范围：8~10cm
42	左边墙	167.5~168.8	衬砌背后脱空	脱空范围：8~10cm
43	左边墙	172.8~174.4	衬砌背后不密实	
44	左边墙	181~184.4	衬砌背后不密实	
45	左边墙	192~194.5	衬砌背后不密实	
46	左边墙	200~201.9	衬砌背后不密实	
47	左边墙	205~206.5	衬砌背后脱空	脱空范围：8~15cm
48	左边墙	226~232	衬砌背后不密实	
49	左边墙	248~249.5	衬砌背后不密实	
50	左边墙	260~261.7	衬砌背后不密实	

4. 试验结果分析

为研究隧道混凝土材料物理力学参数，在隧道③现场钻取芯样，室内打磨，采用 MTS322 材料试验机进行力学实验，芯样加载、芯样破坏过程分别如图 2-39 和图 2-40 所示。

图 2-39 芯样加载

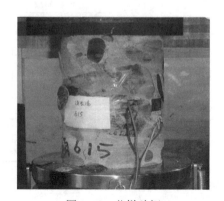

图 2-40 芯样破坏

经过进一步的实验处理，得到相关物理力学参数见表2-15。

表2-15　隧道③芯样物理力学参数

试样编号	直径/mm	高度/mm	峰值荷载/kN	单轴抗压强度/MPa	弹性模量/GPa	泊松比
615-1	99.44	182.26	80.454	10.359	7.496	0.25

钻取芯样的同时，在隧道③部分区段采用回弹法测试混凝土衬砌表面强度，检测结果见表2-16，通过强度换算，得到测试区域混凝土衬砌表面强度均值为18.9MPa，方差为4.50。

表2-16　隧道③衬砌强度回弹检测记录

洞身标/m	位置	测点编号																回弹平均值/MPa	换算强度值/MPa
		1	2	3	4	5	6	7	8	9	10	11	12	13	14	15	16		
		回弹值/MPa																	
60	左边墙	30	35	36	40	35	35	36	31	31	40	40	36	36	38	40	39	36.6	20.9
90	右边墙	38	35	40	30	32	34	34	38	31	36	34	30	35	35	35	40	34.6	18.8
130	右边墙	34	35	33	32	32	31	28	30	33	32	34	32	28	34	30	28	31.9	16.4
170	右边墙	44	42	47	47	50	41	47	45	47	43	44	43	47	46	46	47	44.6	31.0
190	左边墙	30	34	34	35	35	32	30	32	26	28	35	32	38	28	36	28	31.5	16.0
210	右边墙	34	36	34	37	37	35	37	37	37	38	38	35	35	35	35	37	36.1	20.4
230	左边墙	34	30	38	37	39	32	38	34	36	34	38	36	38	36	40	32	36.6	20.9
250	右边墙	25	27	28	32	26	30	29	27	24	29	30	29	30				28	13.2
270	左边墙	35	32	28	39	32	38	35	31	32	38	31	34	35	33	35	30	33.6	18.0
290	右边墙	38	34	40	40	34	34	36	34	42	40	36	38	39	36	38	39	38	22.5
310	右边墙	26	29	23	22	24	22	32	24	23	34	31	32	30				28.2	13.3
330	右边墙	26	28	27	26	23	27	27	26	25	32	20	28	28	24	24	27	26.3	12.0
350	左边墙	44	42	40	36	45	45	42	37	46	48	46	45	42	40	40	40	42.6	28.3
370	右边墙	34	34	32	30	32	35	34	32	36	35	36	33	36	36	32	36	33.7	18.2
390	左边墙	40	38	42	38	36	40	36	40	40	39	36	36	38	38	36	31	38	22.5
410	右边墙	26	36	27	30	34	30	38	34	30	34	36	38	38	38	32	36	33.8	18.2
430	左边墙	27	30	30	30	34	40	32	30	32	38	32	30	40	30	40	38	31.8	16.2
450	右边墙	30	34	32	33	32	32	30	30	34	30	30	30	26	29	30	26	30.4	15.1
470	左边墙	38	36	35	40	40	40	36	36	40	36	40	36	40	35	42	38	37.5	22.0
490	右边墙	38	36	36	32	36	34	35	36	37	35	34	38	32	34	34		35.3	19.6
510	左边墙	30	31	24	32	34	33	31	29	33	30	42	30	35	34	34		31.7	16.2
595	右边墙	31	35	35	32	34	29	42	32	35	34	37	34	36	38	30	28	34.9	19.0
615	左边墙	30	36	27	30	31	26	29	36	28	25	28	30	28				31.8	16.2

5. 隧道渗漏水病害原因分析

由上述分析可知，隧道③渗漏水病害突出，结合隧道相关资料分析，渗漏水原因包括：

1）总体来说，隧道修建在岩土层中，破坏了山体原有的水系统平衡，成为所穿越山体附近地下水集聚的通道，时刻受地下水的渗透作用；隧道②所在区域地层中富含地下水，隧道埋深较浅，地表水可沿覆盖层的裂隙、孔洞渗透到隧道；一旦隧道防排水设施不完善或隧道发生裂损，就必然会发生隧道水害。

2）从自身防排水能力方面来看，隧道③衬砌防排水设施不完善：隧道防水设施少，排水设施仅有双侧排水沟；混凝土衬砌施工质量差，蜂窝、孔隙、裂缝多，自身防水能力差；混凝土的工作缝、伸缩缝、沉降缝等未做好防水处理；衬砌变形后，产生的裂缝渗透水。

3）隧道建设与运营是一个长期的过程，分为勘查与设计、施工、验收、运营与维护等阶段，在每个阶段或材料供应等关键环节出现问题，都可能引发隧道渗漏水病害。

2.4 衬砌裂损与渗漏水病害关联性分析

由现场检测可知，铁路隧道病害一般不会单一存在，而是多种病害的集中表现，不同病害之间相互影响，一定程度上加剧相关病害的发展。隧道病害中，衬砌裂损与渗漏水病害的关联最为显著。

衬砌裂损与渗漏水均为隧道常见病害。其中，围岩荷载作用、温度变化导致混凝土收缩膨胀、不均匀沉降、施工方法不当等原因均可能引起衬砌裂损。衬砌一旦发生裂损，会导致相关部位的材料特性发生变化，在地下水存在的情况下，便会成为衬砌渗漏水的通道。

隧道衬砌裂损部位和不同工序的连接缝处为渗漏水发生的常见部位，隧道渗漏水一旦发生，会导致衬砌混凝土及内部钢筋腐蚀，降低衬砌结构承载能力；同时，衬砌发生渗漏水情况时，使得水荷载作用在衬砌结构上，进一步增大了衬砌荷载，加剧了衬砌裂损的发生。

本章彩图（部分）

第3章 渗漏水对隧道衬砌结构受力影响分析

3.1 引言

　　隧道是修建在地下的工程结构，修建后成为所穿越山体附近地下水集聚的通道，时刻受到地下水的渗透作用。隧道施工方法选择不合理，施工爆破炸药量控制不当，注浆等辅助措施未达到设计要求等，都会对隧道围岩产生扰动，使围岩裂隙张开，渗透性增强，加剧地下水对衬砌的渗透作用。同时，隧道在运营过程中受到围岩等外部荷载作用、建筑材料劣化等因素影响，衬砌往往会出现裂损情况，主要表现为衬砌开裂，在地下水存在时，衬砌裂缝会成为地下水渗透的通道。此外，隧道施工中衬砌之间的连接缝往往也会成为衬砌防水的薄弱环节，在防水措施失效的情况下会产生渗漏水现象。

　　隧道渗漏水病害一旦发生，地下水以渗漏的方式进入隧道，隧道内湿度增加，致使钢轨、扣件、枕木等轨道零配件及电力、通信、信号等附属设施严重锈蚀，加快了钢轨在列车频繁冲击下的机械磨损，降低了隧道设施使用寿命。流量较大的渗漏水还会夹带泥沙，淤积排水沟，引起道床翻浆冒泥，影响行车，威胁线路安全。

　　因此，渗漏水对隧道衬砌结构的影响，主要包括外因与内因两个方面，外因是指外部水源，即隧道渗漏水发生的补给水源；内因是内部水路，主要指衬砌裂缝构成的渗水通道。本节从外因（水源）和内因（水路）两个方面分析隧道渗漏水原因，并在此基础上，以隧道③为工程依托，采用FLAC 3D数值分析软件，针对围岩松动圈厚度、地下水位变化、衬砌开裂渗漏、变形缝防水失效等情况，对隧道围岩渗流场与衬砌受力变化规律进行研究。

3.2 隧道概况

　　隧道③全长640m，采用直边墙式衬砌，衬砌材料主要为混凝土。隧道所处区域基本为Ⅳ、Ⅴ级围岩，在长期运营的过程中先后出现衬砌开裂、渗漏水、衬砌腐蚀等病害。

渗漏水为该隧道突出病害，初步统计，隧道内共32处渗漏水点，根据渗漏水状态，湿润与渗水12处，滴水7处，漏水13处，在上述渗水点中，15处为大范围渗漏水。由于修建年代早，隧道防排水设施缺乏，衬砌背后仅通过排水孔向洞内排水，边墙底部设置双侧排水沟，由于未及时清理，排水沟内淤积严重，导致隧道积水较多。图3-1和图3-2所示分别为隧道边墙渗水与环向施工缝漏水情况。

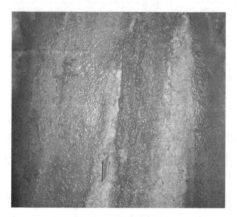

图3-1 边墙渗水

图3-2 环向施工缝漏水

3.3 隧道渗漏水原因分析

3.3.1 赋存环境对隧道渗漏水的影响

隧道赋存环境包括岩土体与地下水，其中地下水是产生隧道渗漏水病害的必要条件。隧道建设施工中对隧道周边围岩产生扰动，导致其渗透系数等物理力学特性发生改变，形成围岩松动圈；同时，降雨直接导致地下水位升高，增加地下水补给水源，也会对隧道衬砌渗漏水产生影响。

1. 围岩松动圈

"新奥法"是隧道工程中最常见和应用最广泛的施工方法，其突出理念在于隧道开挖与支护过程中，通过允许围岩产生适当的变形，使其可以分担一定数量的荷载来减小衬砌承受的外部作用力。施工方面，隧道开挖过程会对围岩产生扰动，围岩开挖后的应力释放过程会出现围岩松动情况；其次，隧道开挖完成后施作初期支护与二次衬砌间隔时间段内，围岩进一步变形、松动导致其物理力学性质发生改变。辅助施工措施方面，通常采用超前小导管或锚杆注浆来加固隧道周边岩体，但受现场施工技术条件及工人技术水平的限制，导致注浆措施经常未能施作或者未达到预期效果。

此外，隧道运营中，在列车动荷载作用下，围岩持续受到扰动；加之初期支护与二次衬砌之间未能完整贴合，引起围岩松动程度及区域增大，长期作用下，导致隧道周边一定范围内形成围岩松动圈，如图3-3所示。

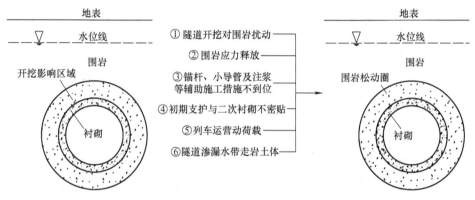

图3-3 围岩松动圈形成的过程

初期的围岩松动圈伴随着岩土体裂隙张开，孔隙性增大，围岩变疏松，相应的力学性能降低，渗透性增强，地下水沿岩土体裂隙向隧道衬砌后集聚，对衬砌形成较大的渗透水压力。随着围岩松动圈的进一步发展，可能出现局部范围空洞的情况，改变衬砌受力变形的形式，加之地下水集聚形成的水压力，导致衬砌出现裂损，进而形成渗漏水病害。

2. 降雨

降雨引起地表水汇集，增加地下水补给水源，导致地下水位升高。对隧道工程而言，隧址区破碎、节理发育岩体为降雨入渗提供了良好的地下水存储空间，雨水沿地表入渗使得表层的岩土体强度参数剧减，表现出很大的塑性变形。随着降雨时间的延续，降雨下渗和地下水有了水力联系，地下水位升高，衬砌承受的水压力也会变大。降雨可分为季节性降雨和极端降雨。

（1）季节性降雨　多年季节性的降雨使隧址区域的地下水位保持在一个基准面，当该基准面低于隧道时，对隧道渗漏水影响不大。但是地下水位是一个多年呈动态变化的值，可能在隧道上下呈周期性的浮动（图3-4），反复的浮动，使破碎的围岩体处于干湿交替变化中，导致其连通性更好。尤其当地下水具有腐蚀性时，可能会对衬砌产生腐蚀，加剧隧道渗漏病害的发生。

（2）极端降雨　极端降雨本身也是一种灾害，由于降雨量大，引起的次生灾害也相互影响，如山体滑坡、泥石流等，使隧道受力不均或变形过大，可能导致衬砌开裂；降雨引起围岩裂隙更加发育，地下水得到了充足的补给，为隧道渗漏水提供了水源。

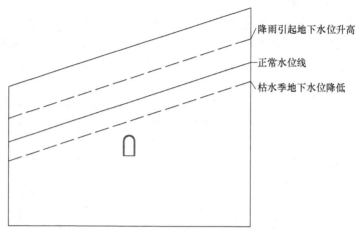

图3-4　季节性降雨引起隧道地下水位变化

（3）降雨对衬砌水压力的影响　由衬砌水压力折减系数法计算公式

$$P = \beta \gamma H \tag{3-1}$$

式中　P——衬砌背后孔隙水压力；
　　　H——地下水位高度；
　　　γ——水体重度；
　　　β——孔隙水压力修正系数。

当降雨发生时，地下水位升高导致 H 增大，同时岩土体渗透性增强，孔隙水压力修正系数 β 增大，从而导致衬砌水压力变大。

同时，从隧道渗漏水病害观测可知，部分隧道衬砌在非雨季不表现出渗漏水而在雨季发生渗漏水病害，部分隧道渗漏水病害在雨季加重。夏季是我国的雨季，也是运营隧道因渗漏水导致事故的多发季节，所以降雨对隧道渗漏水的影响不可小视。

3.3.2　衬砌裂缝对隧道渗漏水的影响

隧道初期支护、二次衬砌、防水卷材、施工缝与变形缝防水等构成了隧道的防排水系统。衬砌是隧道自防水的主体，构成衬砌的混凝土材料，其内部先天存在微裂隙，受围岩荷载、外部环境侵蚀等作用，微裂隙进一步发展产生衬砌裂缝，渗透特性改变，成为地下水渗入隧道的通道。衬砌因施工和受力需要而设置的变形缝、施工缝在防水失效的情况下也会成为隧道渗漏水部位。

1. 开裂混凝土衬砌渗透特性

一般而言，混凝土的渗透系数较低，具有很好的防水性能；当混凝土产生裂缝时，其渗透模型和渗透系数均发生较大变化。水在混凝土裂缝中的渗流模型主要有单裂缝渗流模型、迂曲单裂缝渗流模型、粗糙迂曲单裂缝渗流模型。

（1）单裂缝渗流模型　假定裂缝为宽度不变的直线型且表面光滑，通过Navier-Stokes（N–S）方程和达西定律建立水在理想单裂缝中的渗流方程（即立方定律）

$$q = \frac{gb^3}{12\nu}J \tag{3-2}$$

裂缝的绝对渗透系数为

$$K = \frac{gb^2}{12\nu} \tag{3-3}$$

式中　q——流量；
　　　g——重力加速度；
　　　ν——水体的运动黏滞系数；
　　　b——裂缝宽度；
　　　J——水力梯度。

式(3-3)成立的条件是层流雷诺数 $R_e \leqslant 1150$。

单裂缝渗流模型在裂缝较宽的情况下能反映裂缝渗透规律，相关研究通过混凝土试件渗透实验也证明，混凝土试件中宽度在 0.1mm 以上的光滑裂缝渗流，满足立方定律模型。同时由立方定律公式可以看出，在水体水力梯度、黏滞系数一定的情况下，衬砌裂缝越宽，对应的渗透系数越大，渗透性越强。

（2）迂曲单裂缝渗流模型　考虑裂缝本身的弯曲情况，通过引入迂曲度对弯曲裂缝进行进一步简化，推导出图 3-5 所示迂曲单裂缝渗流方程。

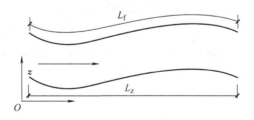

图 3-5　迂曲单裂缝示意图

$$q = \frac{gb^3}{12\nu\tau}J \tag{3-4}$$

式中　τ——迂曲度，L_f 为 $\tau = L_f/L_z$；裂缝真实长度；L_z 为裂缝视长。
迂曲理想裂缝的渗透系数为

$$K = \frac{gb^2}{12\nu\tau} \tag{3-5}$$

（3）粗糙迂曲单裂缝渗流模型　在考虑衬砌裂缝缝隙表面粗糙程度基础上，可以将迂回裂隙渗透系数进行修正，渗透系数计算方法为

$$K = \frac{gb^2}{12\nu\tau C} \tag{3-6}$$

式中　C——修正系数，$C = 1 + 8.8(e/2b)^{1.5}$，对于混凝土裂缝，C 一般取为 1.12，e 表示裂缝表面凸起平均高度。

根据已有研究对混凝土衬砌开裂宽度统计，宽度在 $0.2\sim1.0$mm 的裂缝数量占裂缝数量的 90% 以上，对衬砌渗透特性影响较大。为深入分析开裂宽度与开裂衬砌渗透特性的关系，考虑隧道衬砌中最常见的 $0.1\sim1.0$mm 宽度裂缝，分析开裂宽度与渗透系数的关系。取 $g = 9.8\text{m/s}^2$，20℃时水的动力黏度 $\nu = 1.004 \times 10^{-6}\text{m}^2/\text{s}$，裂缝宽度分别为 0.1mm、0.2mm、0.3mm、0.5mm、0.8mm、1.0mm，按照式(3-4) 和式(3-5) 计算不同裂缝宽度对应的渗透系数，其中对于迂曲单裂缝，考虑迂曲度 $\tau = 1.5$。

如图3-6所示，随着裂缝宽度增加，开裂混凝土渗透系数增大。深入分析裂缝宽度与渗透系数计算方法可知，开裂混凝土衬砌渗透系数与开裂宽度的平方成正比。根据单裂缝渗流模型，裂缝宽度为 0.1mm 时，对应的渗透系数为 $k = 8.17 \times 10^{-3}\text{m/s}$，裂缝宽度为 1mm 时，相对的渗透系数为 $k = 8.17 \times 10^{-1}\text{m/s}$。

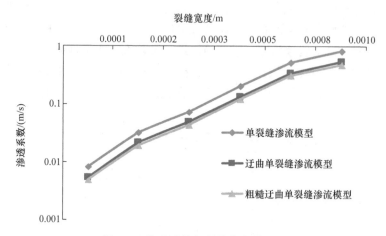

图3-6　渗透系数与裂缝宽度关系图

2. 施工缝、变形缝防水失效

隧道建设过程中，根据施工工序和保证结构安全的需要，常在衬砌连接处设置沉降缝、伸缩缝、防震缝、施工缝。其中，沉降缝、伸缩缝、防震缝在构造上相近，都称为变形缝。所以，隧道中的缝隙主要有施工缝和变形缝两种。

施工缝与变形缝处的防水采用外贴式止水带、中埋式止水带、外贴式和中埋式止水带复合构造（图3-7a）、外贴式止水带和止水条防水复合构造（图3-7b）、中埋式止水带和止水条防水复合构造（图3-7c）、外贴式和中埋式止水带防水复合构造（图3-7d）。

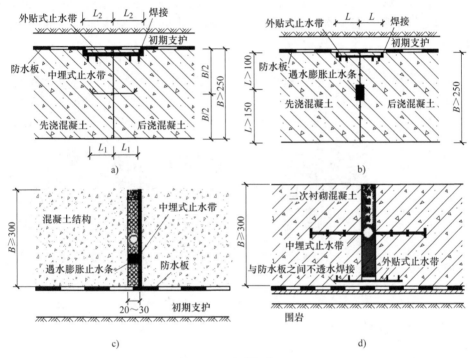

图3-7 止水带结构形式

从防排水结构角度分析，施工缝、变形缝处是防排水的薄弱环节；从混凝土结构角度分析，由于受到结构变形等作用，施工缝、变形缝处的混凝土极易受到不同程度的损坏，也必然是整个隧道结构的薄弱环节。所以，衬砌后地下水大部分通过施工缝、变形缝等薄弱环节渗入隧道。

3.4 围岩松动圈厚度对隧道受力影响分析

3.4.1 模型建立

根据隧道③竣工资料与限界检测图，选择隧道洞身标300m处衬砌为分析断面，衬砌厚度50cm，衬砌混凝土强度为C15，隧道埋深37m，所处区域为Ⅳ级围岩。计算模型在隧道左侧、右侧、下侧各取5倍以上洞径，隧道上侧土层取至地表，地下水位线取至隧道衬砌以上 25m，模型纵向长度取为 3m。

结合隧道围岩级别、衬砌断面尺寸，分别考虑衬砌周边 1.0m、2.0m、3.0m、4.0m 厚度的围岩松动情况，建立三维有限差分模型（图 3-8 和图 3-9），模型尺寸为 80m×90m×3m，土体、衬砌均采用 8 节点 6 面体单元，共划分 15672 个网格域和 18761 个节点。岩土体实体单元本构模型采用 Mohr-Coulomb 理想弹塑性模型及各向同性渗流模型，衬砌实体单元采用各向同性的线弹性模型。

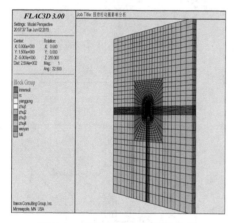

图 3-8　有限差分法模型示意图

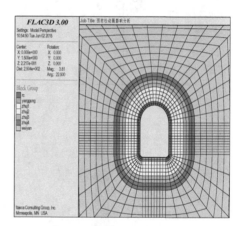

图 3-9　隧道衬砌及周边围岩

3.4.2　计算参数与边界

1. 计算参数

计算参数根据工程地质资料与规范选取。其中，围岩参数按照 TB 10003—2016《铁路隧道设计规范》Ⅳ级围岩参数取值（表 3-1），衬砌参数根据 C15 混凝土参数选取，考虑围岩渗透性增强，渗透系数取为围岩渗透系数的 10 倍，孔隙率提高到 0.5，其他参数与围岩参数一致。

表 3-1　围岩与结构计算参数

材料	密度 /(kg/m³)	弹性模量 /GPa	泊松比 μ	内摩擦角 /(°)	黏聚力 /MPa	孔隙率	渗透系数 /(cm/s)
围岩	2300	3.0	0.35	33	0.40	0.30	1.0×10^{-4}
衬砌	2500	22	0.20			0.10	1.0×10^{-6}
松动圈	2300	3.0	0.35	33	0.40	0.50	1.0×10^{-3}

2. 边界及初始条件

（1）边界条件　模型左右边界（x 方向）约束 x 方向位移，固定孔隙压力采用透水边界；前后边界（y 方向）约束 y 方向位移，允许孔隙水压力变化；底面约束 z 方向位移，固定孔隙压力采用透水边界；顶面为自由面。

（2）初始条件　初始孔隙水压力场采用 $p = \rho_w g z$ 进行计算，竖向总压力 $\sigma_{zz} = -(\rho_d + n\rho_w)gz$，水平有效应力取为竖向有效应力的 0.5 倍。

3. 模拟计算步骤

经初步简化调整后模拟隧道施工开挖、运营维护过程，考虑到流固耦合效应计算耗时长且模型开挖、支护、运营过程中边界条件改变步骤多，故采用 FLAC 3D 内置的 FISH 语言编写程序自动控制开挖、支护及运营求解过程并进行自动保存，具体步骤如图 3-10 所示。

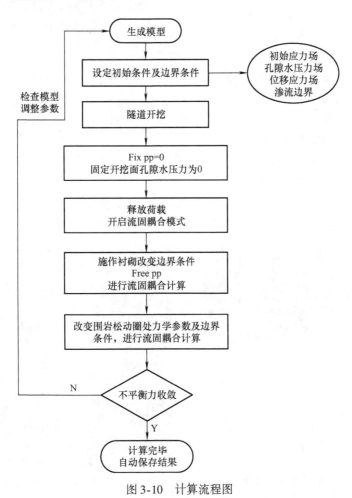

图 3-10　计算流程图

3.4.3 围岩渗流场变化分析

围岩渗流场在未经过施工扰动前处于初始平衡状态，隧道开挖、支护过程中会对渗流场产生扰动，在隧道长期运营过程中，围岩渗流场逐渐达到新的平衡状态。考虑围岩松动圈时，松动圈渗透系数相对于围岩变大，松动圈范围的变化也会引起围岩渗流场改变。

1. 围岩初始渗流场

隧道开挖前岩体初始渗流场下孔隙水分布规律如图 3-11 所示。模型总高度 90m，水位线位于地表以下 15m，地表线以下 0~15m，孔隙水压力为 0MPa，地表线以下 15~90m，孔隙水压力呈现出线性分布，15m 处孔隙水压力为 0MPa，90m 处孔隙水压力为 0.75MPa。

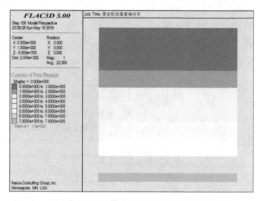

图 3-11 围岩初始渗流场下孔隙水压力分布/Pa

2. 衬砌施作后的渗流场

隧道开挖、支护完成之后进行流固耦合计算，模拟隧道正常运营下的围岩渗流场分布。计算达到稳定之后，提取 $y=0$m 横断面处围岩渗流场分布情况及隧道周边流速矢量，如图 3-12 和图 3-13 所示。

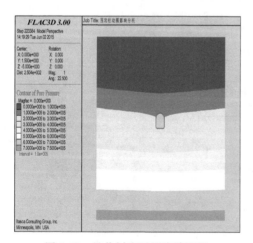

图 3-12 施作衬砌后围岩渗流场

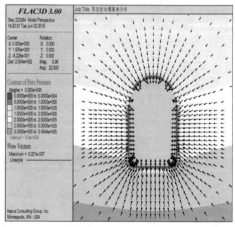

图 3-13 衬砌周边流速矢量

图 3-12 所示表明，隧道开挖与施作衬砌之后围岩渗流场较初始渗流场发生了较大变化，隧道衬砌周围尤其是拱顶衬砌附近的孔隙水压力大幅降低，水压力在隧

道周围呈现出"漏斗状"分布。进一步分析隧道衬砌周边流速矢量可知（图3-13），由于考虑衬砌渗透性，地下水渗流场出现明显地向衬砌内渗流现象。

3. 不同围岩松动圈厚度下衬砌水压力分布规律

围岩松动圈的出现引起围岩渗流场改变，进而导致衬砌压力发生变化。为进一步研究不同围岩松动圈厚度对衬砌水压力的影响，选择 $y=0$m 横断面处衬砌，在衬砌外侧选取 6 个孔隙水压力测点，如图 3-14 所示。

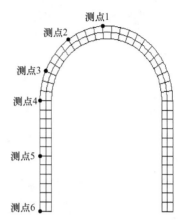

图 3-14 衬砌水压力监测点位置示意图

输出不同围岩松动圈厚度时，衬砌背后各测点孔隙水压力，并绘制孔隙水压力与围岩松动圈厚度关系图，如图 3-15 所示。

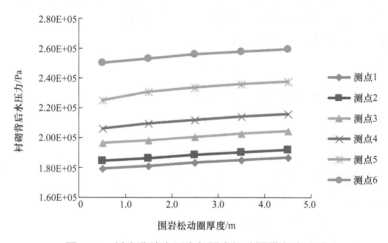

图 3-15 衬砌孔隙水压力与围岩松动圈厚度关系图

如图 3-15 所示，在相同围岩松动圈厚度下，衬砌背后水压力从测点 1 到测点 6 逐渐增大，变化规律与各测点高度变化规律一致。对于同一孔隙水压力监测点，随着围岩松动圈的增大，衬砌水压力明显呈现出线性增加的趋势，且各测点线性增加趋势明显。

3.4.4 衬砌安全性分析

围岩松动圈影响衬砌渗流场分布，引起衬砌水压力改变，进而导致衬砌受力变形改变。为研究不同围岩松动圈的范围对衬砌结构受力影响，选择某横断面处衬砌,并选取5个典型截面,如图3-16所示。

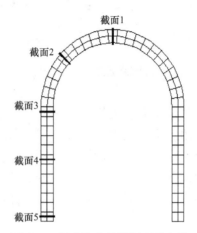

图3-16 衬砌内力监测断面示意图

为表证衬砌的安全性,采用安全性系数对隧道的安全性进行研究,按照 TB 10003—2005《隧道设计规范》中混凝土安全系数计算。

按抗压强度计算的安全系数为

$$K = \frac{\varphi R_a b h \alpha}{N} \tag{3-7}$$

按抗拉强度计算的安全系数为

$$K = \frac{\varphi 1.75 R_1 b h}{N\left(\frac{6e_0}{h} - 1\right)} \tag{3-8}$$

式中 K——安全系数;
φ——稳定系数,对衬砌结构取 $\varphi = 1.0$;
N——荷载设计值产生的轴向力;
b——截面宽度(m);
h——截面高度(m);
R_a——混凝土抗压极限强度;
e_0——轴向力偏心距,$e_0 = M/N$;
R_1——混凝土抗拉极限强度;
α——轴向力偏心影响系数,偏心影响系数按下式计算。

$$\alpha = 1.000 + 0.648\left(\frac{e_0}{h}\right) - 12.569\left(\frac{e_0}{h}\right)^2 + 15.444\left(\frac{e_0}{h}\right)^3 \tag{3-9}$$

输出各截面内力(轴力与弯矩),进而求得各截面安全系数,绘制围岩松动圈厚度与衬砌截面安全系数关系图,如图3-17所示。

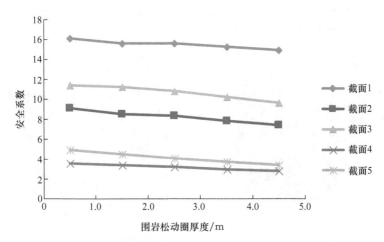

图 3-17　衬砌各截面安全系数与围岩松动圈厚度的关系

如图 3-17 所示，衬砌截面 1、截面 3 为相对安全截面，截面 4（衬砌边墙中间部位）为最危险截面。考虑围岩松动圈情况，各监测截面安全系数均呈现出降低趋势，以截面 1 为例，围岩松动圈厚度为 4m 时，相对于不考虑围岩松动圈，截面安全系数由 16.10 降低为 14.88，降低了 7.58%，截面 2、截面 3、截面 4、截面 5 的安全系数分别降低 18.9%、15.7%、22.5%、31%。由以上分析可知，围岩松动圈的出现使得衬砌受力发生改变，衬砌截面安全系数降低；且在一定围岩松动圈的渗透系数下，围岩松动圈厚度越大，衬砌截面安全系数降低越明显。

实际工程中，围岩松动圈并不是沿着衬砌的周边均匀分布，衬砌背后空洞甚至是局部围岩松动都可能产生空洞情况，从而引起隧道非对称荷载，改变衬砌受力形式。此外，衬砌发生裂损时，裂损部位成为地下水入渗通道，此时地下水经围岩、衬砌向隧道内渗透的能力大为增强，围岩松动圈的积水作用为衬砌提供渗透水源，从而加剧地下水从衬砌裂损部位向隧道内渗透等情况。所以，围岩松动圈会从多个角度引起衬砌裂损和渗漏水病害的发生。

3.5　地下水位变化对隧道受力影响分析

3.5.1　模型建立

模型尺寸、选择计算断面与 3.4.1 节相同，为 80m×90m×3m。建模时考虑地下水位于地表以下 0m、5m、10m、15m、20m 的情况，土体衬砌均采用 8 节点 6 面体单元，共划分 15882 个网格域和 19125 个节点（图 3-18 和图 3-19）。岩土体实体单元本构模型采用 Mohr-Coulomb 理想弹塑性模型及各向同性渗流模型，衬砌实体单元采用各向同性线弹性模型。

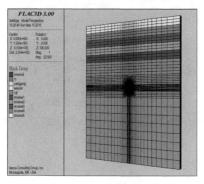

图 3-18　有限差分法模型示意图

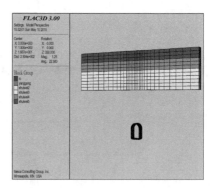

图 3-19　隧道与各水位面位置关系

3.5.2　计算参数与边界

计算模型的物理力学参数和流体力学参数见 3.4.2 节相关内容，在适当简化的前提下，考虑岩体初始平衡、隧道开挖支护、地下水位变化过程，初始地应力场采用非耦合计算，运营期间工况的模拟采用完全的流-固耦合计算。

3.5.3　围岩渗流场变化分析

1. 围岩初始渗流场

为研究在初始水位情况下围岩渗流场变化，选取地下水位于地表下 0m 和 20m 的工况，选择 $y=0$ 的分析断面（图 3-20 和图 3-21）。可以看出，初始渗流场在水位线以上的孔隙水压力值均为 0，水位线以下的孔隙水压力呈现出线性分布规律，最大水压力值分别为 0.9MPa 和 0.7MPa，与地下水总高度 90m、70m 相吻合。

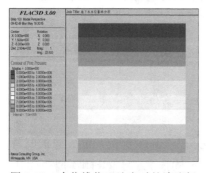

图 3-20　水位线位于地表时的渗流场

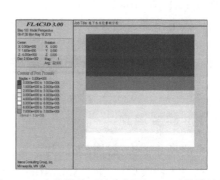

图 3-21　水位线位于地表以下 20m 时的渗流场

2. 不同水头高度衬砌围岩渗流场

岩土体中稳定的初始渗流场经过隧道开挖、支护发生边界扰动和一定时间的隧道运营过程后，围岩、衬砌与地下水产生耦合作用，渗流场达到新的平衡。为研究不同水头下隧道稳定渗流场的规律，选取水位面位于地表以下 20m、10m、0m 的计算工况，$y=0$ 的分析断面处围岩孔隙水压力与衬砌周边流速矢量如图 3-22～图 3-24 所示。

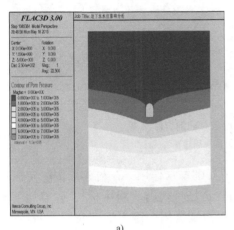 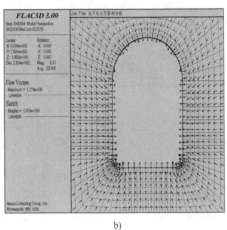

图 3-22 水位面位于地表以下 20m 时的围岩渗流场
a）围岩孔隙水压力 b）衬砌及周边围岩流速矢量

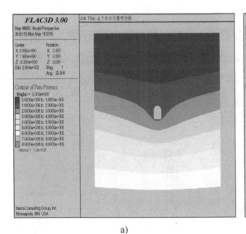 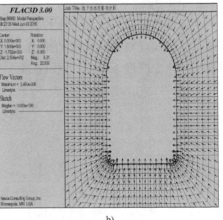

图 3-23 水位面位于地表以下 10m 时的围岩渗流场
a）围岩孔隙水压力 b）衬砌及周边围岩流速矢量

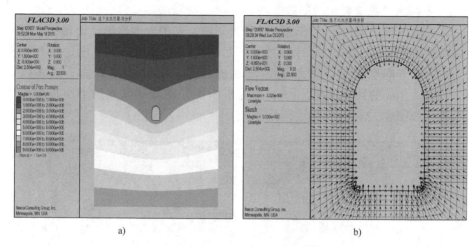

图 3-24 水位面位于地表时的围岩渗流场
a) 围岩孔隙水压力 b) 衬砌及周边围岩流速矢量

如图 3-22～图 3-24 所示,由于考虑了衬砌排水作用,在衬砌周围一定区域内对围岩初始渗流场产生影响,衬砌周边渗流场呈现出"漏斗状",随着地下水位的升高,"漏斗状"影响区域增大。分析衬砌及周边围岩流速矢量分布规律,当地下水位在地表以下 20m、10m、0m 时,对应的最大流速矢量分别为 1.774×10^{-6} m/s、2.46×10^{-6} m/s、3.225×10^{-6} m/s,说明随着地下水位的升高,衬砌渗透压力增大,衬砌渗水的流速矢量增加。

3. 不同水位下衬砌水压力

衬砌施作完成后,地下水位的变化会影响衬砌背后水压力的分布,为研究不同地下水位高度对衬砌水压力的分布影响规律。在衬砌上选择测点(图 3-25),研究不同水位高度下 $y=0$ 分析断面处衬砌背后水压力的变化规律。

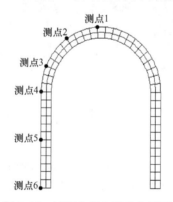

图 3-25 衬砌水压力测点布置图

通过相关命令输出各监测点处孔隙水压力，绘制不同地下水位下衬砌水压力的分布曲线，如图 3-26 所示。由图可知，衬砌水压力随着地下水位的上升明显增大。在不同测点，地下水位每增加 5m，衬砌水压力的增加值近似相等，由此反映出衬砌背后水压力与地下水位变化的线性关系。

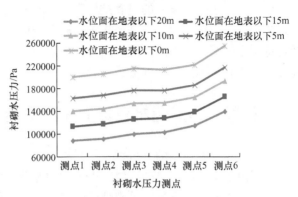

图 3-26 衬砌水压力与地下水位高度的关系

3.5.4 衬砌安全性分析

地下水位变化会引起衬砌应力发生改变，为评价不同地下水位对衬砌结构安全性的影响规律，选择隧道衬砌典型分析截面（图 3-27），输出不同水位高度下的各截面的轴力和弯矩，进而得到衬砌的安全系数。TB 10003—2016《铁路隧道设计规范》对安全系数计算，首先根据材料强度计算偏心受压条件下的极限承载力，然后与实际内力进行比较，最后得出衬砌的安全系数。

计算不同地下水位下衬砌各截面安全系数，得到衬砌安全系数与地下水位变化关系图，如图 3-28 所示。由图可知，截面 4（边墙中部）为衬砌受力最危险截面，其安全系数在各工况下均较小，截面 1（拱顶）为衬砌最安全截面。同时，随着地下水位高度增加，衬砌截面安全系数均降低明显，其中，衬砌拱部安全系数降低最为明显。

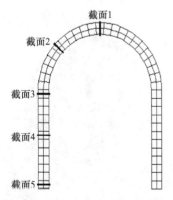

图 3-27 衬砌内力监测断面示意图

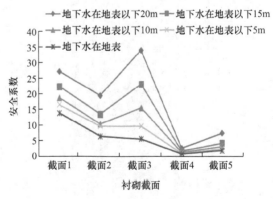

图 3-28 衬砌安全系数与地下水位的关系

针对地下水位变化下的衬砌结构受力及其安全性分析可知,地下水水位升高导致衬砌水压力线性增加,进而影响衬砌荷载的变化,降低衬砌安全系数。对于降雨特别是极端降雨情况,短时间内地下水位急剧增加,引起衬砌受力发生较大改变,对衬砌结构的安全性极为不利。

3.6 衬砌开裂渗漏水对隧道受力影响分析

由前文对衬砌裂缝的分析可知,开裂衬砌的渗透系数与开裂宽度的平方成正比,开裂混凝土衬砌与未开裂混凝土衬砌的渗透系数相差数百倍甚至更大。由于该分析是基于理想状态下的单裂缝渗流情况,选取的裂缝宽度为衬砌表面的最大开裂宽度,而隧道工程的衬砌裂缝具有不规则性,同时衬砌内部裂缝不一定贯通。

所以,隧道开裂衬砌渗透系数相对于理想条件下裂隙渗透系数变化较小。同时,考虑到真实裂缝模拟在计算中可能出现的不收敛情况,本节通过适当简化,考虑拱顶一定区域内衬砌渗透系数增大,模拟衬砌开裂渗漏水问题。

3.6.1 模型建立

考虑隧道拱顶部位漏水情况,建立有限差分模型,模型尺寸为 80m×90m×10m,考虑水位面在地表面以下 15m 的情况,土体采用 8 节点 6 面体单元,共划分 97200 个网格域和 103923 个节点(图 3-29 和图 3-30),岩土体实体单元本构模型采用 Mohr-Coulomb 理想弹塑性模型及各向同性渗流模型,衬砌实体单元采用各向同性线弹性模型。

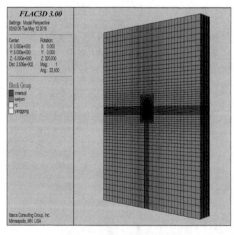

图 3-29　有限差分网格模型

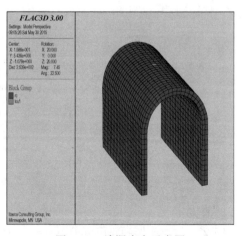

图 3-30　渗漏水点示意图

3.6.2 计算参数与边界

计算中围岩、衬砌的物理力学参数、流体力学参数见 3.4.2 节相关内容。考虑开裂混凝土衬砌与未开裂混凝土衬砌渗透系数相差大，选择拱顶区域面积为 40cm×40cm 的开裂渗漏区域，考虑其开裂渗透性增强，取开裂衬砌与未开裂衬砌渗透系数比值（k_l'/k_l）为 5、10、50、100、500、1000 六种计算工况。

3.6.3 围岩渗流场变化分析

1. 拱顶衬砌不同 k_l'/k_l 比值围岩渗流场

为研究在拱顶开裂渗漏水情况下，不同 k_l'/k_l 值对围岩渗流场分布规律的影响，给出不同工况下 $y = 5.0\text{m}$ 断面处，围岩渗流场与衬砌周边流速矢量云图，如图 3-31 ~ 图 3-38 所示。

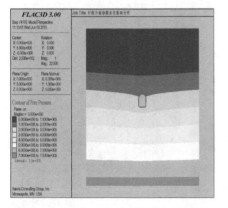

图 3-31　未考虑拱顶漏水时的渗流场

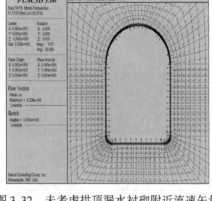

图 3-32　未考虑拱顶漏水衬砌附近流速矢量

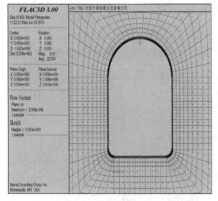

图 3-33　$k_l'/k_l = 5$ 时衬砌附近流速矢量

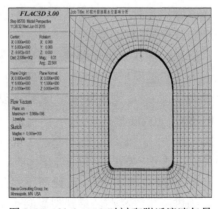

图 3-34　$k_l'/k_l = 10$ 时衬砌附近流速矢量

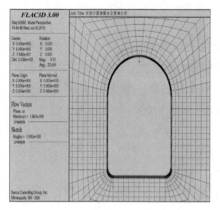
图 3-35　$k'_l/k_l = 50$ 时衬砌附近流速矢量

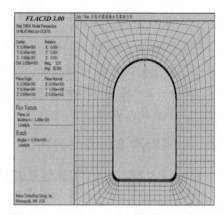
图 3-36　$k'_l/k_l = 100$ 时衬砌附近流速矢量

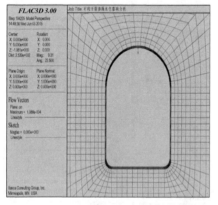
图 3-37　$k'_l/k_l = 500$ 时衬砌附近流速矢量

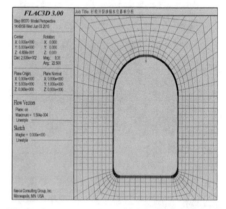
图 3-38　$k'_l/k_l = 1000$ 时衬砌附近流速矢量

如图 3-31～图 3-38 所示，考虑拱顶渗漏水，开裂混凝土与未开裂混凝土的渗透系数增大时，对围岩整体渗流场的影响不大，即在远离隧道区域，围岩渗流场分布情况相同。

分析拱顶在开裂渗漏情况下隧道附近渗流场，可以明显看出，随着拱顶开裂后混凝土渗透系数的增大，拱顶附近的岩土体渗流场发生较大改变。不考虑拱顶开裂时，即 k'_l/k_l（开裂衬砌与未开裂衬砌渗透系数比值）取值为 5、10、50、100、500、1000 时对应的最大渗流向量分别为 6.24×10^{-7} m/s、2.01×10^{-6} m/s、3.99×10^{-6} m/s、1.88×10^{-5} m/s、3.46×10^{-5} m/s、1.09×10^{-4} m/s、1.50×10^{-4} m/s。从渗流区域可以看出，当 k'_l/k_l 值为 500、1000 时，拱顶附近孔隙水压力明显减小。

2. 拱顶衬砌不同 k'_l/k_l 比值下衬砌水压力

为进一步研究在拱顶开裂渗漏水情况下衬砌水压力分布规律，选择 $y = 5.0$ m 分析断面，选取衬砌背后水压力监测点，如图 3-39 所示，输出不同工况下衬砌孔隙水压力并绘制不同工况下各测点水压力分布曲线（图 3-40）。

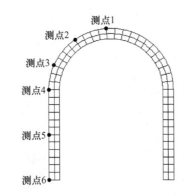

图 3-39　衬砌水压力测点布置图

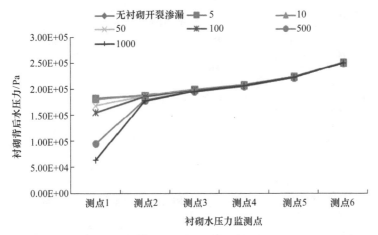

图 3-40　衬砌水压力与开裂和未开裂衬砌渗透系数比值关系图

如图 3-40 所示，考虑拱顶衬砌开裂渗漏水情况，距离衬砌渗漏水较远的水压力测点，如测点 3、测点 4、测点 5、测点 6 的水压力基本保持稳定，测点 2 随着开裂衬砌渗透系数的增大，孔隙水压力由 1.88×10^5 Pa 减小为 1.78×10^5 Pa。衬砌开裂渗漏水对测点 1 的孔隙水压力影响较大，测点 1 的孔隙水压力从不考虑衬砌开裂漏水时的 1.83×10^5 Pa，减小到考虑开裂混凝土衬砌渗透系数为未开裂混凝土渗透系数 1000 倍时的 6.52×10^4 Pa，孔隙水压力减小近 3 倍。

3.6.4　衬砌安全性分析

围岩渗流场及衬砌背后水压力发生变化导致衬砌拱顶出现渗漏水，进而导致衬砌受力改变。为研究拱顶开裂渗漏水对衬砌结构安全性的影响，选取隧道衬砌典型分析截面（图 3-41），输出不同水位高度下各截面的轴力和弯矩，进而得到衬砌各截面的安全系数，如图 3-42 所示。

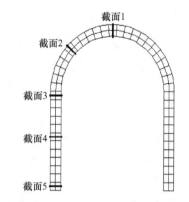

图 3-41　衬砌内力监测断面示意图

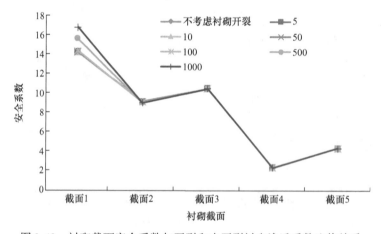

图 3-42　衬砌截面安全系数与开裂和未开裂衬砌渗透系数比值关系

如图 3-42 所示，衬砌开裂渗漏水主要对开裂位置处的衬砌安全系数产生影响，截面 1 位置衬砌渗漏水，截面 2、截面 3、截面 4、截面 5 位置的安全系数均未发生较大变化。对于截面 1 位置，当开裂混凝土衬砌与未开裂混凝土衬砌的渗透系数比值在 0~100 时，截面 1 的安全系数变化较小，当开裂混凝土衬砌与未开裂混凝土衬砌的渗透系数比值由 100 增大到 1000 时，该截面安全系数由 14.28 增长到 16.71。

通过提高开裂渗漏水区域的渗透系数来模拟衬砌开裂渗漏水问题，发现衬砌开裂渗漏水会对开裂区域附近的渗流场及衬砌水压力产生影响，但影响范围较小。从衬砌结构的安全性来看，衬砌开裂渗漏水会在一定程度上降低局部衬砌的安全性。实际工程中，隧道衬砌裂缝具有一定的宽度，特别是贯通裂缝、纵向裂缝，不仅仅会导致衬砌渗漏水，更可能破坏衬砌结构的整体性，对隧道产生较大危害，应该引起关注。

3.7 衬砌变形缝防水失效渗漏水对隧道受力影响分析

3.7.1 模型建立

模型计算断面与 3.4.1 节相同，建模时考虑混凝土衬砌之间的环向变形缝，变形缝宽度考虑 0.5cm、1.0cm、1.5cm、2.0cm、2.5cm 五种工况，所对应模型的尺寸分别为 80m×90m×3.005m、80m×90m×3.01m、80m×90m×3.015m、80m×90m×3.02m、80m×90m×3.025m。土体、衬砌均采用 8 节点 6 面体单元，每个模型均划分 17836 个网格域和 21073 个节点（图3-43 和图3-44）。岩土体实体单元本构模型采用 Mohr-Coulomb 理想弹塑性模型及各向同性渗流模型，衬砌实体单元采用各向同性线弹性模型。

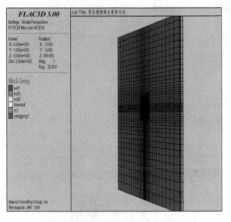

图 3-43　有限差分网格模型

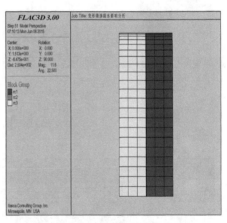

图 3-44　衬砌及变形缝示意图

3.7.2 计算参数与边界

计算模型的围岩与衬砌的物理力学参数、流体力学参数可见 3.4.2 节相关内容，通过适当简化，考虑围岩孔隙水压力场初始平衡、隧道开挖支护对围岩渗流场与应力场扰动、运营期间渗流场与应力场平衡、变形缝防水失效导致衬砌漏水过程。

在变形缝边界条件的处理上，考虑到变形缝宽度较大，相当于宏观裂缝，所以直接将其设为 null 单元（空单元），水力边界上固定孔隙水压力为 0MPa。计算中，按照水位面在地表的情况考虑。

3.7.3　围岩渗流场变化分析

1. 变形缝漏水对围岩渗流场影响

为研究变形缝渗漏水对围岩渗流场的影响，选择未考虑变形缝漏水、变形缝宽度分别为 0.5cm、2.5cm 的工况下临近变形缝的断面为分析断面，围岩渗流场及衬砌附近围岩渗流矢量分布图如图 3-45 ~ 图 3-47 所示。

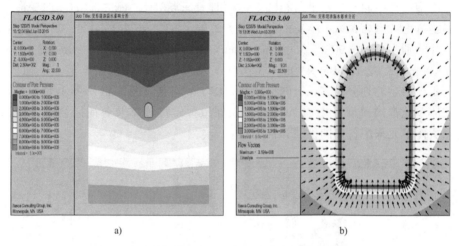

图 3-45　未考虑变形缝漏水围岩渗流场及渗流矢量
a）围岩渗流场　b）衬砌附近围岩渗流矢量

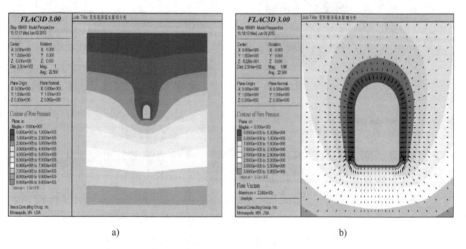

图 3-46　变形缝宽 0.5cm 时围岩渗流场及渗流矢量
a）围岩渗流场　b）衬砌附近围岩渗流矢量

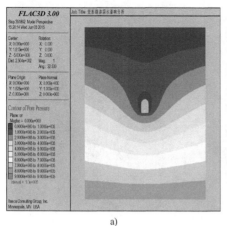
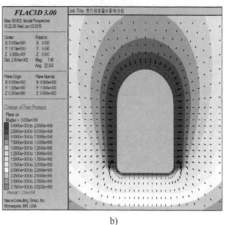

图 3-47　变形缝宽 2.5cm 时围岩渗流场及渗流矢量

a) 围岩渗流场　b) 衬砌附近围岩渗流矢量

如图 3-45~图 3-47 所示,变形缝附近围岩渗流场分布图表明,由于变形缝的排水作用,变形缝渗漏水导致隧道衬砌及其周边围岩孔隙水压力下降。随着变形缝宽度的增加,变形缝附近衬砌孔隙水压力场变化范围增大,而衬砌附近渗流矢量减小。不考虑变形缝漏水、变形缝宽度为 0.5cm、2.5cm 情况下,衬砌附近围岩渗流流速的最大值依次为 3.19×10^{-6} m/s、2.24×10^{-5} m/s、2.21×10^{-5} m/s,说明在总水头固定的条件下,衬砌排水面积增加,所以渗流矢量减小。

2. 衬砌背后孔隙水压力

衬砌变形缝防水失效,导致衬砌背后变形缝周边衬砌水压力发生变化,图 3-48 所示为不同宽度变形缝防水失效情况下衬砌背后水压力分布。

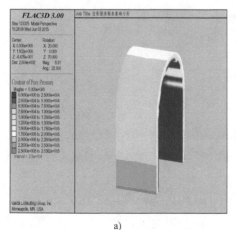

图 3-48　不同宽度变形缝下防水失效衬砌背后水压力

a) 变形缝防水有效　b) 0.5cm 变形缝防水失效

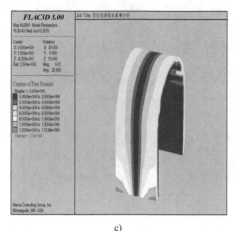 

c)   d)

图 3-48　不同宽度变形缝下防水失效衬砌背后水压力（续）

c) 1.0cm 变形缝防水失效　d) 2.0cm 变形缝防水失效

由图 3-48 可知，在变形缝防水有效的情况下，衬砌背后孔隙水压力从拱顶到边墙底部呈现出线性分布，当变形缝因防水失效出现渗漏水情况时，变形缝附近的孔隙水压力明显减小。针对不同宽度的变形缝进行研究发现，随着变形缝宽度的增加，衬砌外侧最大孔隙水压力减小。随着变形缝宽度从 0.5cm 增大到 1.0cm、2.0cm 时，衬砌外部最大孔隙水压力由 1.41×10^5 Pa 减小为 1.32×10^5 Pa、1.25×10^5 Pa。

为深入分析变形缝防水失效下衬砌背后水压力分布规律，在衬砌截面上选择孔隙水压力监测点（图 3-49），输出不同变形缝宽度下各测点稳定渗流场下水压力情况，并绘制不同变形缝宽度下衬砌水压力曲线，如图 3-50 所示。

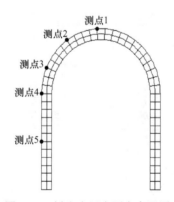

图 3-49　衬砌水压力测点布置图

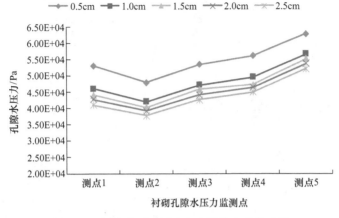

图 3-50 衬砌背后水压力与变形缝宽度关系图

由衬砌背后孔隙水压力监测值可知，变形缝漏水导致衬砌背后水压力降低。不同变形缝宽度下，衬砌背后水压力下降的总体趋势一致。当变形缝宽度由 0.5cm 增加至 1.0cm 时，衬砌水压力降低较多，而当衬砌变形缝宽度在 1.0cm、1.5cm、2.0cm、2.5cm 之间变化时，衬砌水压力变化值较小且数值接近。

3.7.4 衬砌安全性分析

衬砌变形缝渗漏水失效引起衬砌水压力降低，进而导致衬砌受力发生变化。为分析不同宽度下变形缝防水失效对衬砌结构安全性的影响，选取衬砌典型截面如图 3-51 所示，通过输出各截面内力求得衬砌安全系数，并绘出衬砌安全系数与变形缝宽度关系曲线，如图 3-52 所示。

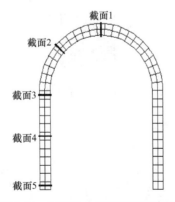

图 3-51 衬砌内力监测断面示意图

如图 3-52 所示，在仅考虑变形缝宽度与衬砌截面安全系数的关系时，相对于未考虑施工缝渗漏水情况，施工缝渗漏水会导致衬砌水压力降低，衬砌受力减

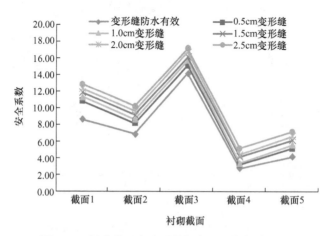

图 3-52 衬砌截面安全系数与变形缝宽度关系图

小，安全系数提高。由衬砌截面与安全系数的对应关系可以看出，截面 4（衬砌边墙中点）为最危险断面，变形缝防水有效的情况到 2.5cm 时变形缝防水失效，该断面安全系数由 2.83 提高到 5.26。

上述分析仅仅是从地下水渗流的角度对变形缝防水失效导致的隧道渗漏水情况进行分析。变形缝渗漏水导致衬砌背后水压力下降，衬砌安全性提高。但在实际工程中，由于变形缝不仅引起渗漏水问题，恶化隧道内环境，同时可能导致衬砌移位等问题，所以综合考虑，不能忽视衬砌变形缝渗漏水对隧道造成的不利影响。

本章彩图（部分）

第 4 章 裂缝对混凝土衬砌受力影响分析

4.1 引言

裂缝作为隧道衬砌的常见病害，随着隧道服役年份的增加，裂缝出现的频率也随之增长。衬砌裂缝分割了衬砌结构，使得衬砌结构的不均匀性和各向异性增强，降低了衬砌结构的安全承载性能，并导致衬砌塌落掉块，甚至可能会由结构的局部开裂导致结构失稳，导致大范围的塌方，对隧道运营安全造成严重威胁。

工程实践表明，隧道衬砌结构裂缝的外在表现形式较为复杂。根据裂缝走向，隧道衬砌结构裂缝分为环向裂缝、纵向裂缝、斜向裂缝以及裂纹。其中，纵向裂缝对隧道原有结构的承载力影响较大。按受力特性，裂缝分为张开型裂缝、剪切型裂缝及撕开型裂缝。其中，张开型裂缝受垂直于开裂面的拉力的作用，裂缝面相对位移垂直于裂缝面；剪切型裂缝受裂面内平行于裂缝走向的剪力作用，裂缝面在其自身平面内发生平行于裂缝走向的错动；撕开型裂缝受力较为复杂。

隧道衬砌裂缝中，纵向拉裂缝（张开型裂缝）最为常见且最具危害性。因此，本文以隧道②为工程依托，针对不同工况下的纵向裂缝研究，分析不同尺寸裂缝对衬砌结构的安全性影响。隧道②衬砌拱部开裂图见图4-1。

a)　　　　　　　　　　　　b)

图 4-1　隧道②衬砌拱部开裂图

4.2 有限元模型建立

4.2.1 计算参数

根据检测结果并结合 TB 10003—2016《铁路隧道设计规范》，采用连续介质有限元软件开展病害力学数值分析。根据隧道修建时的设计资料，并在考虑混凝土时变的基础上，拟定表 4-1 所列的数值分析参数。

表 4-1　围岩与结构力学参数

类别	弹性模量 E/GPa	泊松比 μ	密度 ρ /kg·m^{-3}	黏聚力 c/MPa	摩擦角 φ/(°)	抗拉强度 R_t/MPa
IV级围岩	4	0.35	2000	0.5	33	0.3
混凝土	30	0.25	2500			

4.2.2 确定计算模型

围岩对隧道衬砌结构的作用包括主动的围岩压力和抵抗衬砌变形产生的被动围岩弹性抗力。本文采用荷载结构模型法来模拟这种隧道衬砌与围岩之间的相互作用，以深埋隧道为例，其衬砌荷载结构模型如图 4-2 所示，计算模型如图 4-3 所示。

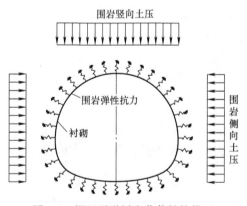

图 4-2　深埋隧道衬砌荷载结构模型

图 4-3　带裂缝衬砌计算模型

4.2.3 计算工况选取

衬砌裂缝共取 4 种不同深度，共取 5 种裂缝长度，并选取拱顶和拱腰两个部位进行数值模拟分析,设置纵向裂纹,分析不同尺寸裂缝对衬砌结构的安全性影响。本章节共选取41种工况,见表4-2和表4-3。

表4-2 拱顶带裂缝衬砌计算工况

工况	裂缝深度	裂缝长度/m	工况	裂缝深度	裂缝长度/m
1-1	0	0	2-11	$0.6h$	1.0
2-1	$0.2h$	1.0	2-12	$0.6h$	2.0
2-2	$0.2h$	2.0	2-13	$0.6h$	4.0
2-3	$0.2h$	4.0	2-14	$0.6h$	6.0
2-4	$0.2h$	6.0	2-15	$0.6h$	8.0
2-5	$0.2h$	8.0	2-16	$0.8h$	1.0
2-6	$0.4h$	1.0	2-17	$0.8h$	2.0
2-7	$0.4h$	2.0	2-18	$0.8h$	4.0
2-8	$0.4h$	4.0	2-19	$0.8h$	6.0
2-9	$0.4h$	6.0	2-20	$0.8h$	8.0
2-10	$0.4h$	8.0			

注:h为衬砌厚度。

表4-3 拱腰带裂缝衬砌计算工况

工况	裂缝深度	裂缝长度/m	工况	裂缝深度	裂缝长度/m
3-1	$0.2h$	1.0	3-11	$0.6h$	1.0
3-2	$0.2h$	2.0	3-12	$0.6h$	2.0
3-3	$0.2h$	4.0	3-13	$0.6h$	4.0
3-4	$0.2h$	6.0	3-14	$0.6h$	6.0
3-5	$0.2h$	8.0	3-15	$0.6h$	8.0
3-6	$0.4h$	1.0	3-16	$0.8h$	1.0
3-7	$0.4h$	2.0	3-17	$0.8h$	2.0
3-8	$0.4h$	4.0	3-18	$0.8h$	4.0
3-9	$0.4h$	6.0	3-19	$0.8h$	6.0
3-10	$0.4h$	8.0	3-20	$0.8h$	8.0

注:h为衬砌厚度。

4.3 衬砌拱顶裂缝有限元模拟

4.3.1 衬砌内力分析

1. 隧道衬砌不存在裂缝的情况

工况 1-1：隧道衬砌不存在裂缝时，第一、第三主应力（$S1$、$S3$）计算结果如图 4-4 所示。

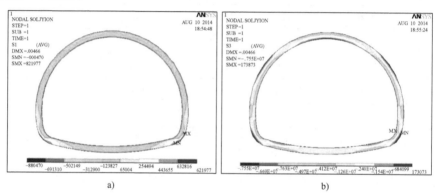

图 4-4　不存在裂缝时衬砌结构的 $S1$、$S3$ 图

2. 隧道衬砌拱顶存在裂缝的情况

工况 2-1：隧道衬砌拱顶裂缝深度为 $0.2h$（h 为衬砌厚度），长度为 1.0m 时，第一、第三主应力计算结果如图 4-5 所示。

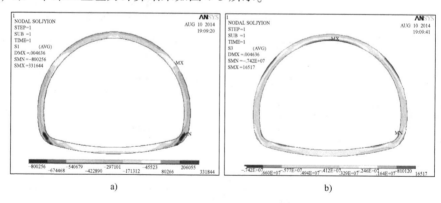

图 4-5　裂缝尺寸为 $0.2h \times 1.0m$ 时衬砌结构的 $S1$、$S3$ 图

工况 2-2：隧道衬砌拱顶裂缝深度为 $0.2h$，长度为 2.0m 时，第一、第三主应力计算结果如图 4-6 所示。

第4章 裂缝对混凝土衬砌受力影响分析

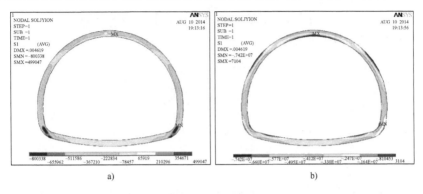

图 4-6 裂缝尺寸为 $0.2h \times 2.0m$ 时衬砌结构的 $S1$、$S3$ 图

工况 2-3：隧道衬砌拱顶裂缝深度为 $0.2h$，长度为 $4.0m$ 时，第一、第三主应力计算结果如图 4-7 所示。

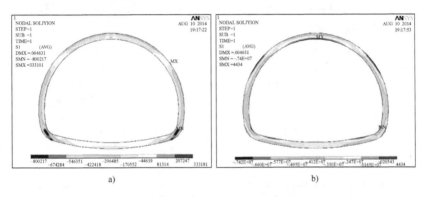

图 4-7 裂缝尺寸为 $0.2h \times 4.0m$ 时衬砌结构的 $S1$、$S3$ 图

工况 2-4：隧道衬砌拱顶裂缝深度为 $0.2h$，长度为 $6.0m$ 时，第一、第三主应力计算结果如图 4-8 所示。

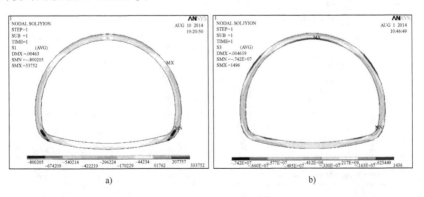

图 4-8 裂缝尺寸为 $0.2h \times 6.0m$ 时衬砌结构的 $S1$、$S3$ 图

工况2-5：隧道衬砌拱顶裂缝深度为0.2h，长度为8.0m时，第一、第三主应力计算结果如图4-9所示。

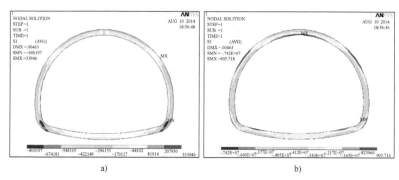

图4-9　裂缝尺寸为$0.2h \times 8.0m$时衬砌结构的$S1$、$S3$图

工况2-6：隧道衬砌拱顶裂缝深度为0.4h，长度为1.0m时，第一、第三主应力计算结果如图4-10所示。

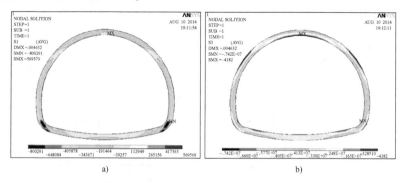

图4-10　裂缝尺寸为$0.4h \times 1.0m$时衬砌结构的$S1$、$S3$图

工况2-7：隧道衬砌拱顶裂缝深度为0.4h，长度为2.0m时，第一、第三主应力计算结果如图4-11所示。

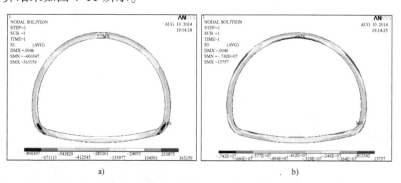

图4-11　裂缝尺寸为$0.4h \times 2.0m$时衬砌结构的$S1$、$S3$图

工况2-8：隧道衬砌拱顶裂缝深度为0.4h，长度为4.0m时，第一、第三主应力计算结果如图4-12所示。

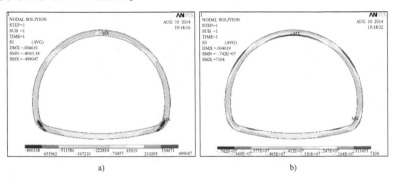

图4-12 裂缝尺寸为0.4h×4.0m时衬砌结构的S1、S3图

工况2-9：隧道衬砌拱顶裂缝深度为0.4h，长度为6.0m时，第一、第三主应力计算结果如图4-13所示。

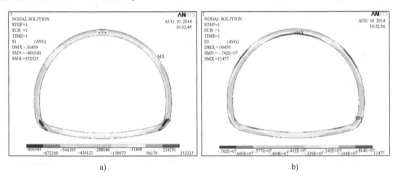

图4-13 裂缝尺寸为0.4h×6.0m时衬砌结构的S1、S3图

工况2-10：隧道衬砌拱顶裂缝深度为0.4h，长度为8.0m时，第一、第三主应力计算结果如图4-14所示。

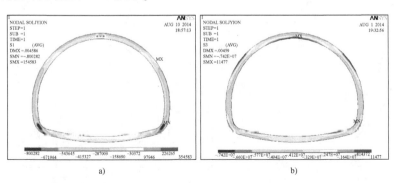

图4-14 裂缝尺寸为0.4h×8.0m时衬砌结构的S1、S3图

工况 2‑11：隧道衬砌拱顶裂缝深度为 $0.6h$，长度为 1.0m 时，第一、第三主应力计算结果如图 4-15 所示。

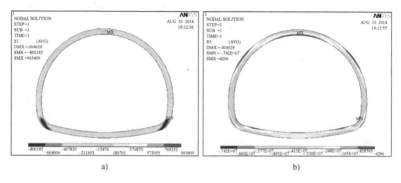

图 4-15　裂缝尺寸为 $0.6h \times 1.0$m 时衬砌结构的 $S1$、$S3$ 图

工况 2‑12：隧道衬砌拱顶裂缝深度为 $0.6h$，长度为 2.0m 时，第一、第三主应力计算结果如图 4-16 所示。

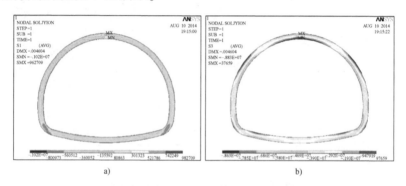

图 4-16　裂缝尺寸为 $0.6h \times 2.0$m 时衬砌结构的 $S1$、$S3$ 图

工况 2‑13：隧道衬砌拱顶裂缝深度为 $0.6h$，长度为 4.0m 时，第一、第三主应力计算结果如图 4-17 所示。

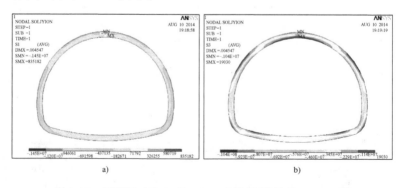

图 4-17　裂缝尺寸为 $0.6h \times 4.0$m 时衬砌结构的 $S1$、$S3$ 图

工况 2‑14：隧道衬砌拱顶裂缝深度为 0.6h，长度为 6.0m 时，第一、第三主应力计算结果如图 4-18 所示。

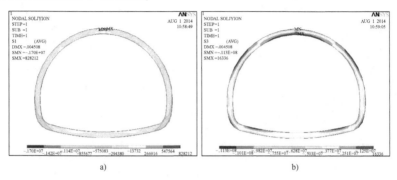

图 4-18　裂缝尺寸为 0.6h×6.0m 时衬砌结构的 S1、S3 图

工况 2‑15：隧道衬砌拱顶裂缝深度为 0.6h，长度为 8.0m 时，第一、第三主应力计算结果如图 4-19 所示。

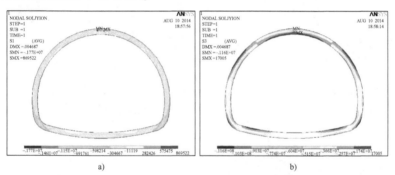

图 4-19　裂缝尺寸为 0.6h×8.0m 时衬砌结构的 S1、S3 图

工况 2‑16：隧道衬砌拱顶裂缝深度为 0.8h，长度为 1.0m 时，第一、第三主应力计算结果如图 4-20 所示。

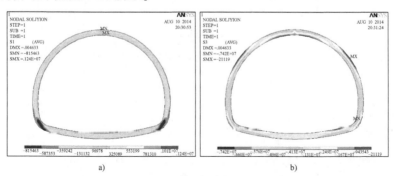

图 4-20　裂缝尺寸为 0.8h×1.0m 时衬砌结构的 S1、S3 图

工况 2–17：隧道衬砌拱顶裂缝深度为 0.8h，长度为 2.0m 时，第一、第三主应力计算结果如图 4-21 所示。

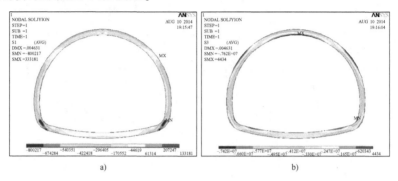

图 4-21　裂缝尺寸为 $0.8h \times 2.0m$ 时衬砌结构的 $S1$、$S3$ 图

工况 2–18：隧道衬砌拱顶裂缝深度为 0.8h，长度为 4.0m 时，第一、第三主应力计算结果如图 4-22 所示。

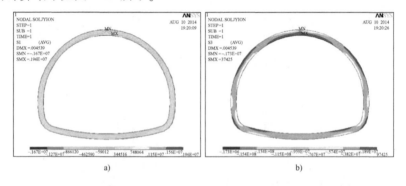

图 4-22　裂缝尺寸为 $0.8h \times 4.0m$ 时衬砌结构的 $S1$、$S3$ 图

工况 2–19：隧道衬砌拱顶裂缝深度为 0.8h，长度为 6.0m 时，第一、第三主应力计算结果如图 4-23 所示。

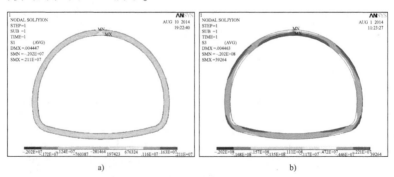

图 4-23　裂缝尺寸为 $0.8h \times 6.0m$ 时衬砌结构的 $S1$、$S3$ 图

工况 2-20：隧道衬砌拱顶裂缝深度为 $0.8h$，长度为 $8.0m$ 时，第一、第三主应力计算结果如图 4-24 所示。

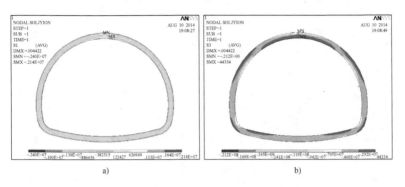

图 4-24　裂缝尺寸为 $0.8h \times 8.0m$ 时衬砌结构的 $S1$、$S3$ 图

4.3.2　衬砌安全性分析

根据 TB 10003—2016《铁路隧道设计规范》规定：根据材料的极限强度，计算出偏心受压构件的极限承载力，然后与结构实际内力进行比较，即可得截面的抗压（抗拉）强度安全系数 K。最后检查所得的安全系数是否满足 TB 10003—2016《铁路隧道设计规范》所要求的数值。计算衬砌拱顶存在不同尺寸裂缝下衬砌各截面的安全系数。

各检算截面分布如图 4-25 所示，各工况下截面安全系数计算结果如表 4-4 所示。

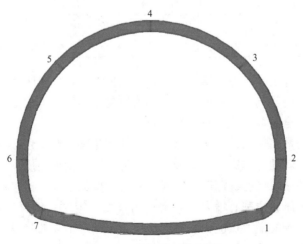

图 4-25　检算截面分布图

表4-4 在拱顶位置不同尺寸裂缝下衬砌关键截面安全系数汇总表

工况		截面1	截面2	截面3	截面4	截面5	截面6	截面7
					安全系数K			
1-1	不存在裂缝	4.71	7.12	8.57	8.13	8.57	7.12	4.71
2-1	拱顶$0.2h\times1.0$m空洞	4.71	7.12	8.57	5.91	8.57	7.12	4.71
2-2	拱顶$0.2h\times2.0$m空洞	4.71	7.12	8.57	5.79	8.57	7.12	4.71
2-3	拱顶$0.2h\times4.0$m空洞	4.71	7.12	8.57	5.79	8.57	7.12	4.71
2-4	拱顶$0.2h\times6.0$m空洞	4.71	7.12	8.57	5.79	8.57	7.12	4.71
2-5	拱顶$0.2h\times8.0$m空洞	4.71	7.12	8.57	5.15	8.57	7.12	4.71
2-6	拱顶$0.4h\times1.0$m空洞	4.71	7.12	8.57	1.42	8.57	7.12	4.71
2-7	拱顶$0.4h\times2.0$m空洞	4.71	7.12	8.57	1.44	8.57	7.12	4.71
2-8	拱顶$0.4h\times4.0$m空洞	4.71	7.12	8.57	1.37	8.57	7.12	4.71
2-9	拱顶$0.4h\times6.0$m空洞	4.71	7.12	8.58	1.30	8.58	7.12	4.71
2-10	拱顶$0.4h\times8.0$m空洞	4.71	7.12	8.58	1.13	8.58	7.12	4.71
2-11	拱顶$0.6h\times1.0$m空洞	4.71	7.12	8.57	0.33	8.57	7.12	4.71
2-12	拱顶$0.6h\times2.0$m空洞	4.71	7.12	8.52	0.3	8.52	7.12	4.71
2-13	拱顶$0.6h\times4.0$m空洞	4.71	7.12	8.52	0.31	8.52	7.12	4.71
2-14	拱顶$0.6h\times6.0$m空洞	4.71	7.12	8.53	0.29	8.53	7.12	4.71
2-15	拱顶$0.6h\times8.0$m空洞	4.71	7.12	8.6	0.25	8.6	7.12	4.71
2-16	拱顶$0.8h\times1.0$m空洞	4.71	7.12	8.57	0.06	8.57	7.12	4.71
2-17	拱顶$0.8h\times2.0$m空洞	4.71	7.12	8.51	0.04	8.51	7.12	4.71
2-18	拱顶$0.8h\times4.0$m空洞	4.71	7.08	8.43	0.04	8.43	7.08	4.71
2-19	拱顶$0.8h\times6.0$m空洞	4.71	7.08	8.46	0.04	8.46	7.08	4.71
2-20	拱顶$0.8h\times8.0$m空洞	4.73	7.12	8.56	0.04	8.56	7.12	4.73

由表4-4及各工况应力计算结果可知，拱顶裂缝对拱顶区域衬砌结构内力及安全系数有较大的影响，对其他部位影响可以忽略不计。下面对不同尺寸裂缝下拱顶关键截面安全系数变化进行回归分析：

根据以上的数值模拟计算结果可知，拱顶产生裂缝对拱顶区域结构的安全性危害性最大，对其他部位影响相对较小。裂缝的存在使得在拱顶区域出现了一定范围内的应力集中，当裂缝深度一定时，随着长度的增加，衬砌结构所受到的最大拉应力和最大压应力都有增大的趋势；当长度一定时，随着裂缝深度的增加，衬砌结构的所受到的最大拉应力和最大压应力也出现增大的趋势，且相对深度来说，裂缝长度的影响几乎可以忽略不计。

如图4-26所示，当裂缝长度一定时，拱顶截面的安全系数随着裂缝深度的增加变化显著。在裂缝深度为 $0.2h$ 和 $0.4h$ 时，拱顶截面安全系数变化幅度非常大，裂缝深度达到 $0.4h$ 时，裂缝周边局部安全系数已降低到 $1.13 \sim 1.44$，为低于安全系数 3.6 的危险截面。裂缝超过 $0.4h$ 时，随着裂缝深度的增加，截面安全系数继续缓慢降低，裂缝深度为 $0.8h$ 时，截面安全系数几乎为零。

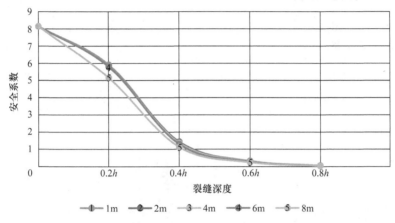

图 4-26　不同裂缝深度下拱顶安全系数变化曲线

如图 4-27 所示，相对裂缝深度来说，随着裂缝长度的变化，局部截面安全系数变化幅度很小。当裂缝深度为 $0.2h$ 时，裂缝附近局部截面的安全系数随着裂缝长度的增加，其值由 5.91 逐渐降低为 5.15，降低幅度为 0.76；裂缝深度为 $0.4h$ 时，局部截面安全系数由 1.42 降低为 1.13，降低幅度为 0.29；当裂缝深度为 $0.6h$、$0.8h$ 时，随着裂缝长度的增加，裂缝附近的局部截面安全系数几乎不变。可见截面安全系数随着裂缝深度的增加首先是发生骤降，然后缓慢降低，且裂缝深度尺寸越大，裂缝长度对安全系数的降低越不明显。

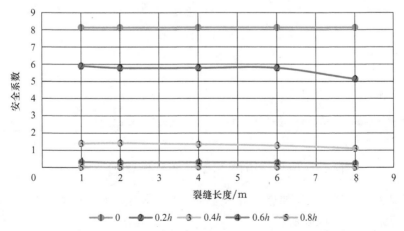

图 4-27　不同裂缝长度下拱顶安全系数变化曲线

4.4 衬砌拱腰裂缝有限元模拟

4.4.1 衬砌内力分析

工况3-1：隧道衬砌拱腰裂缝深度为$0.2h$，长度为$1.0m$时，第一、第三主应力计算结果如图4-28所示。

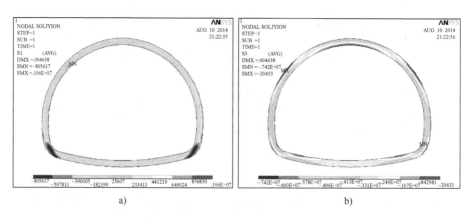

图4-28 裂缝尺寸为$0.2h \times 1.0m$时衬砌结构的$S1$、$S3$图

工况3-2：隧道衬砌拱腰裂缝深度为$0.2h$，长度为$2.0m$时，第一、第三主应力计算结果如图4-29所示。

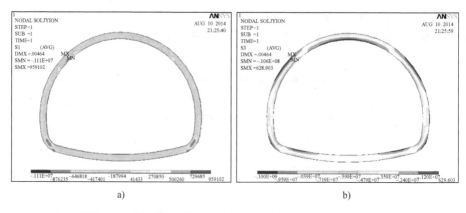

图4-29 裂缝尺寸为$0.2h \times 2.0m$时衬砌结构的$S1$、$S3$图

工况3-3：隧道衬砌拱腰裂缝深度为$0.2h$，长度为$4.0m$时，第一、第三主应力计算结果如图4-30所示。

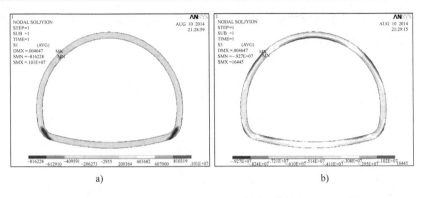

图 4-30　裂缝尺寸为 $0.2h \times 4.0m$ 时衬砌结构的 $S1$、$S3$ 图

工况 3-4：隧道衬砌拱腰裂缝深度为 $0.2h$，长度为 $6.0m$ 时，第一、第三主应力计算结果如图 4-31 所示。

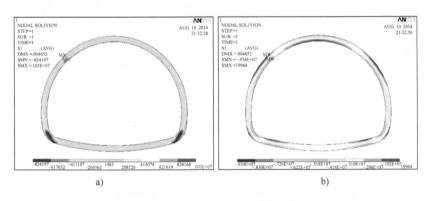

图 4-31　裂缝尺寸为 $0.2h \times 6.0m$ 时衬砌结构的 $S1$、$S3$ 图

工况 3-5：隧道衬砌拱腰裂缝深度为 $0.2h$，长度为 $8.0m$ 时，第一、第三主应力计算结果如图 4-32 所示。

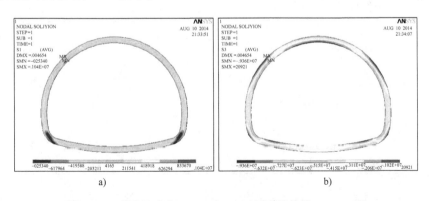

图 4-32　裂缝尺寸为 $0.2h \times 8.0m$ 时衬砌结构的 $S1$、$S3$ 图

工况3-6：隧道衬砌拱腰裂缝深度为0.4h，长度为1.0m时，第一、第三主应力计算结果如图4-33所示。

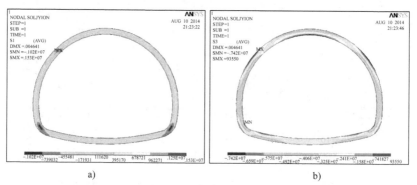

图4-33　裂缝尺寸为$0.4h \times 1.0m$时衬砌结构的$S1$、$S3$图

工况3-7：隧道衬砌拱腰裂缝深度为0.4h，长度为2.0m时，第一、第三主应力计算结果如图4-34所示。

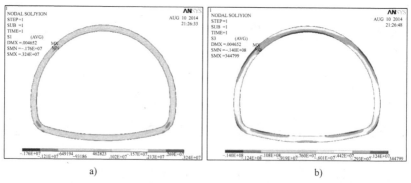

图4-34　裂缝尺寸为$0.4h \times 2.0m$时衬砌结构的$S1$、$S3$图

工况3-8：隧道衬砌拱腰裂缝深度为0.4h，长度为4.0m时，第一、第三主应力计算结果如图4-35所示。

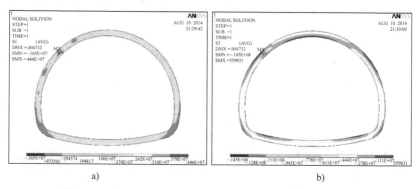

图4-35　裂缝尺寸为$0.4h \times 4.0m$时衬砌结构的$S1$、$S3$图

工况3-9：隧道衬砌拱腰裂缝深度为0.4h，长度为6.0m时，第一、第三主应力计算结果如图4-36所示。

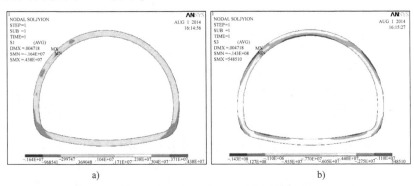

图4-36　裂缝尺寸为0.4h×6.0m时衬砌结构的$S1$、$S3$图

工况3-10：隧道衬砌拱腰裂缝深度为0.4h，长度为8.0m时，第一、第三主应力计算结果如图4-37所示。

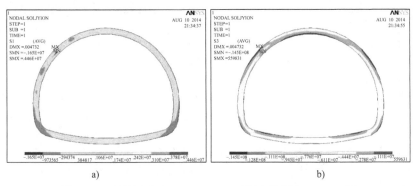

图4-37　裂缝尺寸为0.4h×8.0m时衬砌结构的$S1$、$S3$图

工况3-11：隧道衬砌拱腰裂缝深度为0.6h，长度为1.0m时，第一、第三主应力计算结果如图4-38所示。

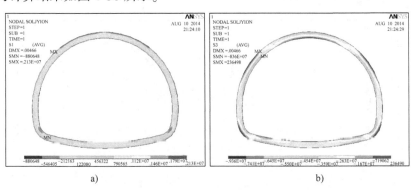

图4-38　裂缝尺寸为0.6h×1.0m时衬砌结构的$S1$、$S3$图

工况 3-12：隧道衬砌拱腰裂缝深度为 0.6h，长度为 2.0m 时，第一、第三主应力计算结果如图 4-39 所示。

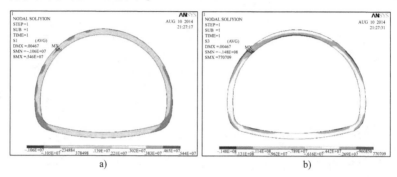

图 4-39 裂缝尺寸为 $0.6h \times 2.0m$ 时衬砌结构的 $S1$、$S3$ 图

工况 3-13：隧道衬砌拱腰裂缝深度为 0.6h，长度为 4.0m 时，第一、第三主应力计算结果如图 4-40 所示。

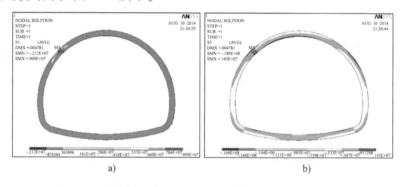

图 4-40 裂缝尺寸为 $0.6h \times 4.0m$ 时衬砌结构的 $S1$、$S3$ 图

工况 3-14：隧道衬砌拱腰裂缝深度为 0.6h，长度为 6.0m 时，第一、第三主应力计算结果如图 4-41 所示。

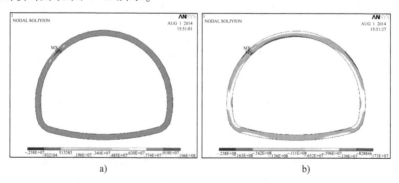

图 4-41 裂缝尺寸为 $0.6h \times 6.0m$ 时衬砌结构的 $S1$、$S3$ 图

工况 3-15：隧道衬砌拱腰裂缝深度为 $0.6h$，长度为 8.0m 时，第一、第三主应力计算结果如图 4-42 所示。

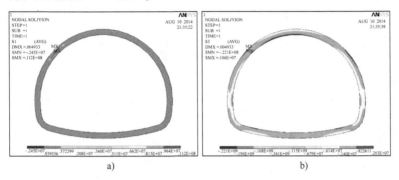

图 4-42　裂缝尺寸为 $0.6h \times 8.0\mathrm{m}$ 时衬砌结构的 $S1$、$S3$ 图

工况 3-16：隧道衬砌拱腰裂缝深度为 $0.8h$，长度为 1.0m 时，第一、第三主应力计算结果如图 4-43 所示。

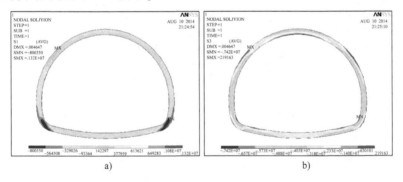

图 4-43　裂缝尺寸为 $0.8h \times 1.0\mathrm{m}$ 时衬砌结构的 $S1$、$S3$ 图

工况 3-17：隧道衬砌拱腰裂缝深度为 $0.8h$，长度为 2.0m 时，第一、第三主应力计算结果如图 4-44 所示。

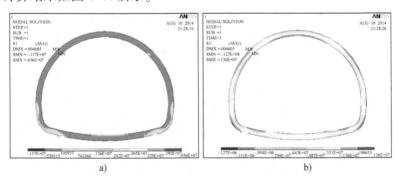

图 4-44　裂缝尺寸为 $0.8h \times 2.0\mathrm{m}$ 时衬砌结构的 $S1$、$S3$ 图

工况3-18：隧道衬砌拱腰裂缝深度为0.8h，长度为4.0m时，第一、第三主应力计算结果如图4-45所示。

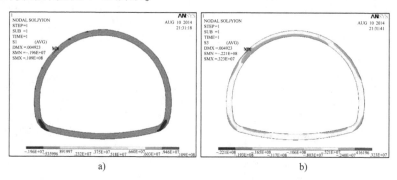

图4-45　裂缝尺寸为0.8h×4.0m时衬砌结构的$S1$、$S3$图

工况3-19：隧道衬砌拱腰裂缝深度为0.8h，长度为6.0m时，第一、第三主应力计算结果如图4-46所示。

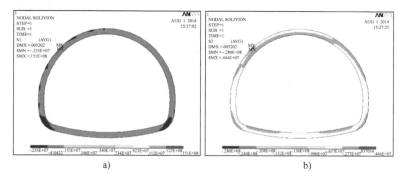

图4-46　裂缝尺寸为0.8h×6.0m时衬砌结构的$S1$、$S3$图

工况3-20：隧道衬砌拱腰裂缝深度为0.8h，长度为8.0m时，第一、第三主应力计算结果如图4-47所示。

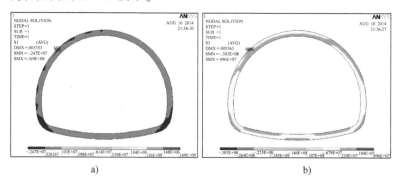

图4-47　裂缝尺寸为0.8h×8.0m时衬砌结构的$S1$、$S3$图

4.4.2 衬砌安全性分析

各工况下截面安全系数计算结果见表4-5。

表4-5 在拱腰位置不同尺寸裂缝下衬砌关键截面安全系数汇总表

工况		截面1	截面2	截面3	截面4	截面5	截面6	截面7
		安全系数 K						
3-0	不存在裂缝	4.71	7.12	8.57	8.13	8.57	7.12	4.71
3-1	拱腰 $0.2h \times 1.0m$ 空洞	4.71	7.12	8.57	8.13	6.90	7.12	4.71
3-2	拱腰 $0.2h \times 2.0m$ 空洞	4.71	7.12	8.57	8.13	6.73	7.12	4.71
3-3	拱腰 $0.2h \times 4.0m$ 空洞	4.71	7.12	8.57	8.13	6.61	7.12	4.71
3-4	拱腰 $0.2h \times 6.0m$ 空洞	4.71	7.12	8.56	8.10	6.58	7.12	4.71
3-5	拱腰 $0.2h \times 8.0m$ 空洞	4.71	7.08	8.56	8.10	6.57	7.12	4.71
3-6	拱腰 $0.4h \times 1.0m$ 空洞	4.71	7.12	8.57	8.13	6.47	7.12	4.71
3-7	拱腰 $0.4h \times 2.0m$ 空洞	4.71	7.12	8.56	8.13	6.21	7.12	4.71
3-8	拱腰 $0.4h \times 4.0m$ 空洞	4.60	7.08	8.47	8.00	5.13	7.12	4.61
3-9	拱腰 $0.4h \times 6.0m$ 空洞	4.71	7.08	8.48	8.03	5.17	7.12	4.61
3-10	拱腰 $0.4h \times 8.0m$ 空洞	4.60	7.08	8.47	8.00	5.13	7.12	4.61
3-11	拱腰 $0.6h \times 1.0m$ 空洞	4.71	7.12	8.57	8.13	4.04	7.12	4.71
3-12	拱腰 $0.6h \times 2.0m$ 空洞	4.71	7.08	8.55	8.09	3.97	7.12	4.71
3-13	拱腰 $0.6h \times 4.0m$ 空洞	4.60	7.08	8.45	7.99	3.99	7.16	4.61
3-14	拱腰 $0.6h \times 6.0m$ 空洞	4.60	7.08	8.34	7.91	3.91	7.20	4.61
3-15	拱腰 $0.6h \times 8.0m$ 空洞	4.60	7.08	8.30	7.82	3.88	7.20	4.52
3-16	拱腰 $0.8h \times 1.0m$ 空洞	4.60	7.12	8.57	8.13	1.08	7.12	4.71
3-17	拱腰 $0.8h \times 2.0m$ 空洞	4.71	7.08	8.50	8.05	0.09	7.12	4.61
3-18	拱腰 $0.8h \times 4.0m$ 空洞	4.60	7.08	8.34	7.91	0.07	7.24	4.52
3-19	拱腰 $0.8h \times 6.0m$ 空洞	4.58	7.04	8.13	7.63	0.07	7.37	4.54
3-20	拱腰 $0.8h \times 8.0m$ 空洞	4.58	7.04	7.99	7.50	0.07	7.41	4.45

由表4-5及各工况应力计算结果可知，拱腰裂缝对拱腰区域衬砌结构内力及安全系数有较大的影响，对其他部位的影响可以忽略不计。下面对不同尺寸裂缝下拱顶关键截面安全系数变化进行回归分析：

左拱腰裂缝对左拱腰区域的结构安全性影响最大，对其他部位影响相对较小。裂缝的存在使得在拱腰区域出现了一定范围内的应力集中。衬砌结构所受最大拉应力和最大压应力都出现在左拱腰区域，并且最大拉应力出现在最大压应力的外侧。裂缝对左拱腰区域的截面安全系数产生了一定的影响。

如图4-48所示，当裂缝长度一定时，拱顶截面安全系数随着裂缝深度的增加变化显著。随着裂缝深度的增加，局部截面安全系数出现降低幅度先减小后增大的趋势。在裂缝深度小于 $0.4h$ 时，拱腰截面安全系数明显降低，且裂缝深度尺寸越大，截面安全系数降低幅度越大。裂缝深度为 $0.6h$ 时，各曲线相交，安全系数达到4.0左右；随后随着深度的增加，各曲线变化基本一致。当裂缝深度为$0.8h$时，除了裂缝长度为1m的截面安全系数为1.08，其他长度裂缝安全系数为0.06~0.09，可见长度为1m的裂缝对结构安全性影响要小。

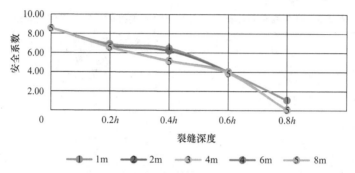

图4-48 不同裂缝深度下拱腰安全系数变化曲线

如图4-49所示，相对裂缝深度来说，随着裂缝长度的变化，局部截面安全系数的变化幅度相对裂缝深度较小。当裂缝深度为$0.2h$时，裂缝附近局部截面安全系数随着裂缝长度的增加，其值由6.90逐渐降低为6.57，降低幅度为0.33；裂缝深度为$0.4h$时，局部截面安全系数由6.47降低为5.13，降低幅度为1.34；裂缝深度为$0.6h$时，局部截面安全系数由4.04降低为3.88，降低幅度为0.16；裂缝深度为$0.8h$时，局部截面安全系数由1.08降低为0.07，降低幅度为1.01；可见裂缝深度为$0.4h$、$0.8h$时，裂缝长度对截面安全系数的影响相对其他裂缝深度较大。

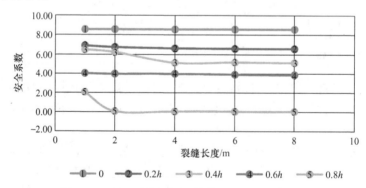

图4-49 不同裂缝长度下拱腰安全系数变化曲线

本章彩图（部分）

第5章 砌石衬砌背后空洞对隧道结构受力影响分析

5.1 引言

相关学者针对砌石隧道,借助地质雷达检测发现砌石隧道衬砌背后脱空严重,其空洞数量远大于混凝土隧道空洞数量,这是由于爆破开挖导致超挖,加上砌石设计断面加工成形不能适应现场开挖断面的变化所造成的。空洞会对隧道的运营及管理产生多方面的不利影响,为了提高砌石隧道运营管理的科学性,正确评价衬砌背后空洞对衬砌结构安全性的影响,为铁路隧道的维修、加固提供依据。本章以隧道①为工程依托,针对衬砌背后空洞病害对隧道结构安全性影响进行模拟与分析。

利用 ANSYS 有限元分析软件,对存在不同宽度(环向尺寸)、深度空洞的衬砌结构安全性进行分析。通过对各检算截面的结构安全系数验算以及对灰缝截面的抗拉、抗剪验算,揭示不同规模空洞下衬砌结构安全性的变化规律,对砌石铁路隧道整体安全性进行评估,从而提出相应的病害整治建议。

5.1.1 计算参数与边界

参考隧道①原始设计资料,Ⅳ级围岩所占长度比例为88.1%,故在结构计算时取围岩级别为Ⅳ级。并在考虑条石衬砌砌缝效应的基础上,拟定的数值分析参数,见表5-1。

表5-1 数值分析参数

类别	弹性模量 E/GPa	泊松比 μ	密度 ρ/kg·m^{-3}	黏聚力 c/MPa	摩擦角 φ/(°)
Ⅳ级围岩	4	0.35	2000	0.5	33
条石	30	0.25	2500		
砂浆	20	0.27	2000		

5.1.2 计算模型确定

根据隧道①的地质水文及病害情况，确定了如下数值计算方法：

1) 采用二维计算模型，不考虑沿隧道纵向结构形式及地质条件的变化。

2) 使用地层－结构法处理围岩与衬砌结构之间的关系，计算模型如图5-1所示。

3) 利用生死单元来模拟衬砌背后空洞，空洞形状依据工程实际确定，如图5-1所示。

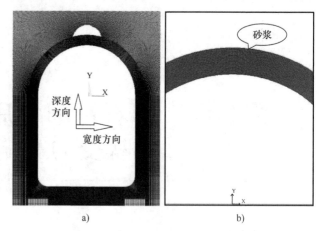

图 5-1　隧道衬砌背后空洞计算模型
a) 整体模型　b) 砌石衬砌细部模型

5.1.3 检算截面选取

对砌石衬砌结构进行验算时，选取拱顶、拱腰、拱脚及边墙共7处截面作为检算截面（图5-2a），研究病害对各检算截面的安全影响程度。根据砌石隧道现场情况，砌石隧道病害（空洞、砂浆脱落）主要出现在拱圈部位，根据已有数值计算结果，拱圈病害主要对拱圈灰缝截面安全性（抗剪、抗拉）造成影响，对拱脚、边墙处的安全性影响幅度较小，故在分析灰缝截面的安全性时，选取拱顶、拱腰共3处灰缝截面进行抗剪及抗拉验算（图5-2b）。

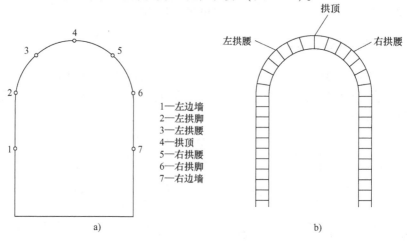

1—左边墙
2—左拱脚
3—左拱腰
4—拱顶
5—右拱腰
6—右拱脚
7—右边墙

图 5-2　检算截面分布图
a) 砌石检算截面　b) 灰缝检算截面

5.1.4 计算工况设计

考虑拱顶及拱腰两部位空洞，参考张义红等人的检测结果，对空洞选取5种深度尺寸与5种宽度尺寸进行数值模拟分析。又由于实际工程中的空洞深度尺寸不会超过宽度尺寸，因此，不考虑空洞深度大于宽度的情况，分别针对拱顶、拱腰背后空洞拟定计算工况见表5-2和表5-3。

表5-2 拱顶背后空洞计算工况

工况	空洞深度/m	空洞宽度/m	工况	空洞深度/m	空洞宽度/m
1—1	0	0	2—8	1.0	2.0
2—1	0.5	0.5	2—9	1.0	2.5
2—2	0.5	1.0	2—10	1.5	1.5
2—3	0.5	1.5	2—11	1.5	2.0
2—4	0.5	2.0	2—12	1.5	2.5
2—5	0.5	2.5	2—13	2.0	2.0
2—6	1.0	1.0	2—14	2.0	2.5
2—7	1.0	1.5	2—15	2.5	2.5

表5-3 拱腰背后空洞计算工况

工况	空洞深度/m	空洞宽度/m	工况	空洞深度/m	空洞宽度/m
3—1	0.5	0.5	3—9	1.0	2.5
3—2	0.5	1.0	3—10	1.5	1.5
3—3	0.5	1.5	3—11	1.5	2.0
3—4	0.5	2.0	3—12	1.5	2.5
3—5	0.5	2.5	3—13	2.0	2.0
3—6	1.0	1.0	3—14	2.0	2.5
3—7	1.0	1.5	3—15	2.5	2.5
3—8	1.0	2.0			

5.2 拱顶不同规模空洞对隧道结构安全性的影响

5.2.1 衬砌结构安全性分析

通过有限元软件ANSYS后处理模块导出各检算截面所受轴力和弯矩，并结合式（3-3）计算衬砌拱顶存在空洞时各检算截面安全系数，见表5-4。

表5-4 拱顶位置不同规模空洞下衬砌安全系数汇总表

宽度/m	深度/m	检算截面						
		1	2	3	4	5	6	7
		安全系数						
0	0	7.70	7.29	9.18	14.34	9.11	7.31	7.70
0.5	0.5	7.71	7.32	9.32	12.66	9.24	7.33	7.71
1.0	0.5	7.73	7.36	9.60	12.71	9.51	7.38	7.73
1.5	0.5	7.77	7.46	10.15	11.77	10.02	7.47	7.77
2.0	0.5	7.84	7.61	11.34	4.23	11.19	7.62	7.84
2.5	0.5	7.95	7.86	12.94	1.90	12.63	7.87	7.95
1.0	1.0	7.77	7.43	9.83	11.57	9.74	7.45	7.77
1.5	1.0	7.84	7.57	10.62	10.69	10.54	7.59	7.84
2.0	1.0	7.84	7.57	10.62	10.69	10.54	7.59	7.84
2.5	1.0	8.11	8.17	14.20	1.70	13.81	8.17	8.11
1.5	1.5	7.90	7.69	10.98	9.95	10.89	7.71	7.90
2.0	1.5	8.07	8.02	12.93	3.30	12.73	8.03	8.07
2.5	1.5	8.29	8.50	15.04	1.57	14.65	8.50	8.29
2.0	2.0	8.18	8.22	13.27	3.10	13.08	8.23	8.18
2.5	2.0	8.45	8.79	15.43	1.49	15.09	8.79	8.45
2.5	2.5	8.62	9.08	15.66	1.42	15.36	9.08	8.62

表5-4表明，各截面安全系数随着空洞尺寸的改变而相应发生变化，部分截面的安全系数显著下降，还有部分截面的安全系数出现小幅增大，拱顶处的截面随着空洞规模的增大，安全系数降低最为明显。

1. 空洞宽度尺寸对衬砌检算截面安全性影响分析

根据表5-4，绘制同深度、不同宽度尺寸空洞对衬砌结构安全性影响曲线。在某一深度下，空洞宽度变化时衬砌结构检算截面安全系数对比图如图5-3所示。

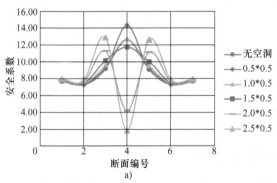

a)

图5-3 空洞深度不变，宽度变化衬砌检算截面安全系数对比图

a) 空洞深度0.5m

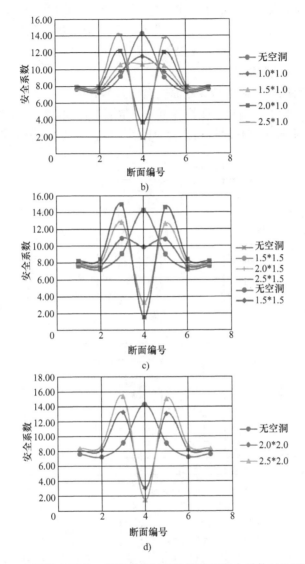

图 5-3 空洞深度不变，宽度变化衬砌检算截面安全系数对比图（续）

b) 空洞深度 1.0m c) 空洞深度 1.5m d) 空洞深度 2.0m

（1）空洞宽度变化对各检算截面安全性影响分析 如图 5-3 所示，衬砌结构安全系数均表现为对称分布，安全系数符合理论预期结果。拱顶空洞对拱顶以及拱腰截面处安全性影响较为明显，拱顶受空洞影响最为显著，其次是拱腰，拱脚和边墙处受影响最小。

（2）空洞宽度变化对衬砌结构安全性影响规律分析 如图 5-3 所示，当空洞深度不变、宽度增加时，拱顶截面安全系数出现大幅度降低。在空洞深度为

0.5m，宽度由0m变为1.5m时，拱顶安全系数降低18%（由14.34下降为11.77）；宽度由1.5m变为2.0m时，拱顶截面安全系数变化最为显著，降低幅度达到64.06%（由11.77变为4.23）；宽度达到2.5m时，拱顶安全系数已降到2.4以下，成为危险截面。

2. 空洞深度尺寸对衬砌检算截面安全性影响分析

根据表5-4，绘制同宽度、不同深度尺寸空洞对衬砌结构安全性影响曲线。在某一宽度下，空洞深度变化时衬砌结构检算截面安全系数对比图如图5-4所示。

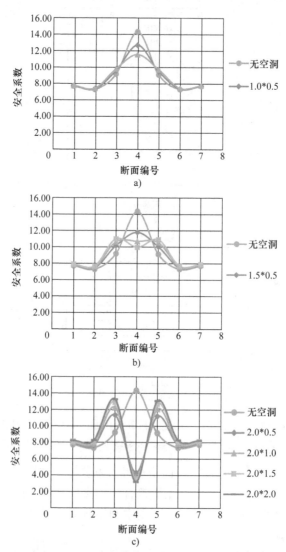

图5-4 空洞宽度不变，深度变化衬砌结构检算截面安全系数对比图
a）空洞深度1.0m b）空洞深度1.5m c）空洞深度2.0m

第 5 章 砌石衬砌背后空洞对隧道结构受力影响分析

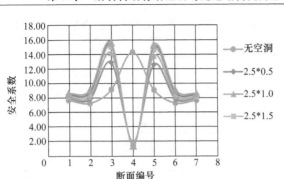

图 5-4 空洞宽度不变，深度变化衬砌结构检算截面安全系数对比图（续）
d）空洞深度 2.5m

（1）空洞深度变化对不同部位影响分析　如图 5-4 所示，拱顶空洞宽度不变、深度变化时，拱顶、拱腰安全系数变化较为明显，拱顶安全系数降低，拱腰、拱脚及边墙安全系数均呈现增加趋势。

（2）空洞深度变化对衬砌结构安全性影响规律性分析　如图 5-4 所示，当空洞宽度为 1.0m、1.5m 时（图 5-4a、b），空洞深度变化引起的拱顶安全系数变化量最为显著；而当空洞宽度为 2.0m、2.5m 时（图 5-4c、d），空洞深度变化导致拱腰处安全系数变化量较大，拱顶处安全系数降低幅度很小。

3. 空洞宽度、深度对衬砌结构安全性影响对比分析

如图 5-3 和图 5-4 所示，当空洞深度不变、宽度变化时，拱顶和拱腰安全系数受其影响较为显著，而宽度不变深度变化时，衬砌结构截面安全系数变化幅度相对较小，只有在空洞宽度较大时，深度变化才会对衬砌结构截面安全性产生较明显影响。因此，对于拱顶空洞，空洞宽度对衬砌结构安全性影响较空洞深度更为显著。

5.2.2 灰缝截面安全性分析

关于灰缝截面安全分析，本书重点关注灰缝截面的受拉安全性和受剪安全性。以衬砌内侧边缘处拉应力和灰缝截面剪应力两个指标，分析空洞病害下砌石隧道灰缝截面的安全性；由于拱顶空洞为对称病害，故只需取拱顶、拱腰两处灰缝截面为分析对象，计算不同规模空洞下各灰缝截面处拉/压应力（正值为拉应力，负值为压应力）和剪应力，见表 5-5。

1. 拱顶空洞下拱顶截面安全性分析

表 5-5 表明，随着空洞宽度的增加，衬砌拱顶内边缘压应力逐渐增大，衬砌结构拱顶剪应力接近为零，符合理论预期结果。绘出拱顶压应力变化曲线图，如图 5-5 所示。

表 5-5　拱顶位置不同规模空洞下截面拉/压应力、剪应力汇总表

宽度/m	深度/m	部位			
		拱顶		拱腰	
		拉/压应力/MPa	剪应力/MPa	拉/压应力/MPa	剪应力/MPa
0	0	-2.00	0.02	-5.23	0.33
0.5	0.5	-2.87	0.00	-5.07	0.34
1.0	0.5	-4.18	0.00	-4.73	0.38
1.5	0.5	-5.53	0.00	-4.05	0.45
2.0	0.5	-6.58	0.00	-2.96	0.54
2.5	0.5	-7.11	0.00	-1.44	0.64
1.0	1.0	-4.60	0.00	-4.52	0.38
1.5	1.0	-6.11	0.00	-3.71	0.43
2.0	1.0	-7.27	0.00	-2.48	0.51
2.5	1.0	-7.84	0.00	-0.93	0.55
1.5	1.5	-6.57	0.00	-3.51	0.40
2.0	1.5	-7.83	0.00	-2.21	0.45
2.5	1.5	-8.43	0.00	-0.67	0.46
2.0	2.0	-8.31	0.00	-2.10	0.39
2.5	2.0	-8.92	0.00	-0.57	0.40
2.5	2.5	-9.36	0.00	-0.50	0.35

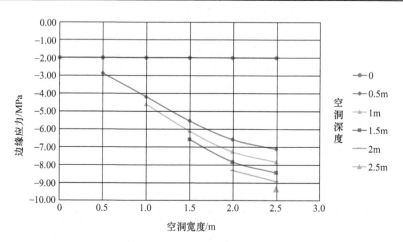

图 5-5　不同空洞宽度下拱顶边缘应力变化曲线

如图 5-5 所示，拱顶内侧边缘压应力在拱顶空洞深度一定时，随着空洞宽度的增加逐渐增大，但增长速率逐渐降低。在拱顶空洞宽度一定的情况下，拱顶内侧边缘压应力也随着深度增加逐渐增大。因此，拱顶空洞的出现导致拱顶处砌石对砂浆的约束增大，从而抑制拱顶处灰缝脱落。

2. 拱顶空洞下拱腰截面安全性分析

（1）拱腰内侧边缘应力随空洞规模的变化规律　表5-5中数据表明，拱腰内侧边缘应力为负值，即处于受压状态，压应力最小值为0.5MPa，绘制拱腰边缘应力变化曲线图，如图5-6所示。

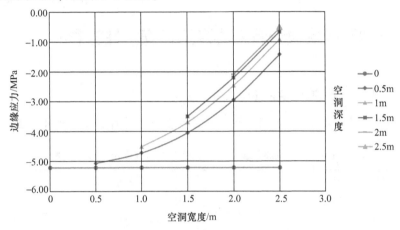

图5-6　拱腰边缘应力变化曲线

如图5-6所示，拱腰内侧边缘压应力在拱顶空洞深度一定时，随着空洞宽度的增加逐渐减小，且减小速率逐渐增加；在拱顶空洞宽度一定时，拱腰内侧边缘压应力随着空洞深度增加也逐渐减小；可见，空洞的深度和宽度的增加都导致拱腰内侧边缘处压应力减小。因此，拱顶空洞的出现导致拱腰处砌石对砂浆的约束减小，从而促进拱腰处灰缝脱落。

（2）拱腰灰缝截面剪应力随空洞规模的变化规律　根据表5-5中数据，绘制出拱腰灰缝截面剪应力变化曲线图，如图5-7所示。

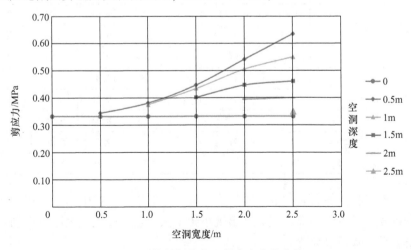

图5-7　拱腰灰缝截面剪应力变化曲线

如图 5-7 所示，拱顶空洞下拱腰截面的剪应力均大于无空洞时剪应力。拱腰截面的剪应力在拱顶空洞深度一定的情况下，随着空洞宽度的增加逐渐增加；而空洞宽度一定时，拱腰截面剪应力随着空洞深度的增加而逐渐减小，且在空洞深度为 2.5m 时，拱腰处剪应力大小已接近无空洞病害时的剪应力值。

5.3 拱腰不同规模空洞对隧道结构安全性的影响

5.3.1 衬砌结构安全性分析

对表 5-3 所示的 15 种工况分别进行结构安全性检算，结果列于表 5-6。

表 5-6 在左拱腰位置不同规模空洞下衬砌安全系数汇总表

宽度/m	深度/m	检算截面						
		1	2	3	4	5	6	7
		安全系数						
0	0	7.70	7.31	9.11	14.34	9.18	7.29	7.70
0.5	0.5	7.84	7.53	8.31	14.18	9.13	7.26	7.67
1.0	0.5	8.07	7.90	7.92	14.22	9.09	7.23	7.64
1.5	0.5	8.45	8.57	7.02	14.50	9.07	7.18	7.58
2.0	0.5	9.04	9.82	1.75	14.55	9.10	7.12	7.51
2.5	0.5	9.88	11.43	1.06	4.33	9.21	7.06	7.43
1.0	1.0	8.33	8.19	7.43	13.97	9.02	7.19	7.60
1.5	1.0	8.87	9.11	6.60	14.27	9.00	7.13	7.53
2.0	1.0	9.71	10.72	1.69	14.23	9.05	7.06	7.44
2.5	1.0	10.89	12.82	1.00	3.30	9.22	7.00	7.35
1.5	1.5	9.26	9.40	6.27	13.98	8.92	7.08	7.47
2.0	1.5	10.31	11.18	1.65	13.89	9.01	7.00	7.38
2.5	1.5	11.72	13.43	0.96	2.97	9.21	6.94	7.29
2.0	2.0	10.79	11.28	1.62	13.49	8.94	6.95	7.32
2.5	2.0	12.64	13.77	0.92	2.70	9.21	6.88	7.21
2.5	2.5	13.21	13.66	0.89	2.58	9.16	6.83	7.14

表 5-6 表明，各截面安全系数随着空洞尺寸的改变而发生相应变化，部分截面安全系数显著下降，部分截面则出现小幅增大，左拱腰处截面随着空洞规模的增大安全系数降低最为明显。

第5章　砌石衬砌背后空洞对隧道结构受力影响分析

1. 空洞宽度尺寸对衬砌检算截面安全性影响分析

根据表5-6，绘制同深度、不同宽度尺寸空洞对衬砌结构的安全性影响曲线。在某一深度下，空洞宽度变化时衬砌结构检算截面安全系数对比图如图5-8所示。

（1）空洞宽度变化对各检算截面安全性的影响　如图5-8所示，左拱腰空洞作为非对称病害，导致衬砌结构的安全系数均表现为非对称分布，安全系数均符合理论预期结果；左拱腰空洞对左拱腰、左拱脚及左边墙的影响较为明显，对左拱腰影响最大，其后依次是左拱脚、左边墙；对右拱腰、右拱脚及右边墙的影响可忽略不计。

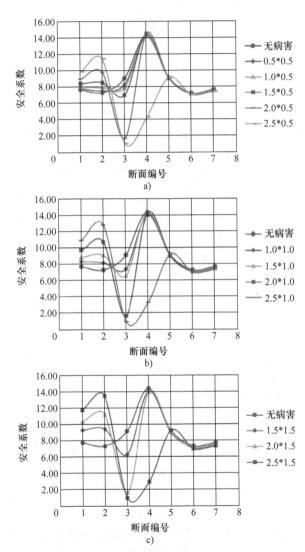

图5-8　空洞深度不变，宽度变化衬砌检算截面安全系数对比图
a) 空洞深度0.5m　b) 空洞深度1.0m　c) 空洞深度1.5m

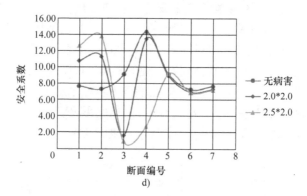

图 5-8 空洞深度不变，宽度变化衬砌检算截面安全系数对比图（续）
d）空洞深度 2.0m

（2）空洞宽度变化对衬砌结构安全性影响规律性分析　如图 5-8 所示，随着宽度增加，左拱腰截面安全系数降低非常明显，并在空洞宽度为 2.0m 时安全系数降到 2.4 以下，成为危险截面。而左拱脚、左边墙截面安全系数则体现出小幅度上升。在空洞深度为 0.5m，宽度由 0.5 变为 2.0m 时，拱顶截面处安全系数变化较小，但在空洞宽度达到 2.5m 时出现较大幅度的降低，降低幅度为 70%（安全系数由 14.55 下降为 4.33）；空洞对衬砌右侧截面安全系数影响可以忽略，说明拱腰空洞仅对其所在侧截面安全状态有较大影响。

2. 空洞深度尺寸对衬砌检算截面安全性影响分析

根据表 5-6，绘制同宽度、不同深度尺寸空洞对衬砌结构安全性影响曲线。在某一宽度下，空洞深度变化时衬砌结构检算截面安全系数对比图如图 5-9 所示。

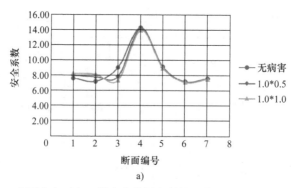

图 5-9 空洞宽度不变，深度变化衬砌结构检算截面安全系数对比图
a）空洞深度 1.0m

第5章　砌石衬砌背后空洞对隧道结构受力影响分析

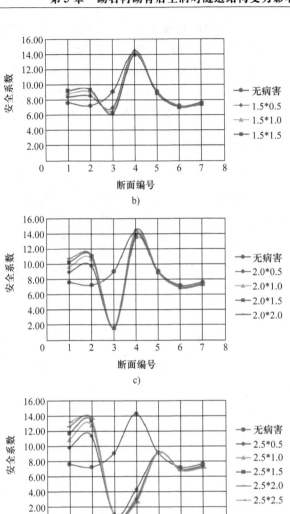

图 5-9　空洞宽度不变，深度变化衬砌结构检算截面安全系数对比图（续）
b) 空洞深度 1.5m　c) 空洞深度 2.0m　d) 空洞深度 2.5m

（1）空洞深度变化对各检算截面安全性的影响　如图 5-9 所示，左拱腰空洞宽度一定、深度增加时，左拱脚、左边墙安全系数出现一定幅度增大，其他检算截面处安全系数影响较小。

（2）空洞深度变化对衬砌结构安全性影响规律分析　如图 5-9 所示，空洞宽度为 1.0m 和 1.5m 时，空洞深度变化对左边墙、左拱脚截面安全性的影响较小，但当空洞宽度为 2.0m 和 2.5m 时，空洞深度变化对左边墙、左拱脚截面安全性的影响明显增大，说明空洞深度对各截面安全影响大小受空洞宽度限制。

3. 空洞宽度、深度对衬砌结构安全性影响对比分析

如图5-8和图5-9所示，在左拱腰空洞深度不变、宽度变化情况下，左拱腰安全系数大幅度降低；而在宽度不变、深度变化情况下，各截面安全系数的变化幅度较小。因此，对于拱腰空洞，空洞宽度对衬砌结构安全性的影响较空洞深度更为显著。

5.3.2 灰缝截面安全性分析

采用衬砌内侧边缘应力和灰缝截面剪应力两个指标，分析左拱腰空洞病害下砌石隧道灰缝截面的安全性，由于拱顶、左右拱腰三处安全系数下降较为明显，故选取拱顶、左右拱腰三处灰缝截面为分析对象，计算不同规模空洞下各灰缝截面处拉/压应力（正值为拉应力，负值为压应力）和剪应力，见表5-7。

表5-7 左拱腰位置不同规模空洞下衬砌拉剪应力汇总表

宽度/m	深度/m	左拱腰 拉/压应力/MPa	左拱腰 剪应力/MPa	拱顶 拉/压应力/MPa	拱顶 剪应力/MPa	右拱腰 拉/压应力/MPa	右拱腰 剪应力/MPa
0	0	−5.23	0.33	−2.00	0.02	−5.23	0.33
0.5	0.5	−6.25	0.52	−2.02	0.02	−5.26	0.33
1.0	0.5	−7.85	0.46	3.77	0.01	−5.30	0.33
1.5	0.5	−9.47	0.38	4.01	0.08	−5.33	0.34
2.0	0.5	−10.73	0.31	4.48	0.19	−5.35	0.36
2.5	0.5	−11.30	0.26	5.16	0.32	−5.31	0.39
1.0	1.0	−8.26	0.55	3.84	0.01	−5.34	0.33
1.5	1.0	−10.08	0.44	4.13	0.08	−5.38	0.35
2.0	1.0	−11.51	0.35	4.63	0.19	−5.38	0.37
2.5	1.0	−12.17	0.29	5.33	0.31	−5.30	0.40
1.5	1.5	−10.61	0.49	4.23	0.07	−5.43	0.35
2.0	1.5	−12.18	0.39	4.76	0.18	−5.40	0.37
2.5	1.5	−12.92	0.31	5.50	0.29	−5.30	0.41
2.0	2.0	−12.78	0.41	4.90	0.17	−5.44	0.38
2.5	2.0	−13.63	0.33	5.69	0.28	−5.29	0.43
2.5	2.5	−14.26	0.35	5.88	0.28	−5.31	0.43

1. 左拱腰空洞下左拱腰灰缝截面安全性分析

（1）左拱腰内侧边缘压应力随空洞规模变化规律　由表5-7表明，随着空洞宽度的增加，衬砌左拱腰内侧边缘受压应力且逐渐增大，绘出左拱腰压应力变化曲线图，如图5-10所示。

第5章 砌石衬砌背后空洞对隧道结构受力影响分析

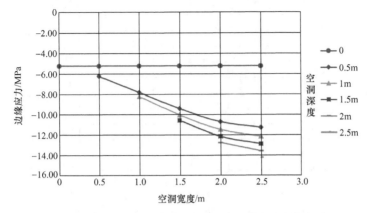

图 5-10　不同空洞宽度下左拱腰截面边缘应力变化曲线

如图 5-10 所示，在左拱腰空洞下，左拱腰截面边缘应力处于压应力状态，随着空洞宽度和深度增加均逐渐增大。因此，左拱腰空洞导致左拱腰截面边缘应力增大，致使砌石对砂浆约束增强，从而抑制左拱腰处灰缝脱落。

（2）左拱腰灰缝截面剪应力随空洞规模变化规律　根据表 5-7 中数据绘制左拱腰截面剪应力变化曲线图，如图 5-11 所示。

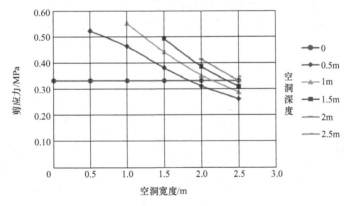

图 5-11　不同空洞宽度下左拱腰截面剪应力变化曲线

如图 5-11 所示，左拱腰空洞深度一定时，左拱腰灰缝截面剪应力随着空洞宽度的增加逐渐减小，但随着空洞深度的增加逐渐增加。左拱腰空洞宽度小于等于 1.5m 时，空洞导致左拱腰截面剪应力增大；而当空洞宽度大于等于 2.0m 时，出现部分深度空洞导致左拱腰截面剪应力减小。

2. 左拱腰空洞下拱顶灰缝截面安全性分析

（1）拱顶内侧边缘应力随空洞规模变化规律　表 5-7 表明，随着空洞宽度的增加，拱顶处内侧边缘应力由负值变为正值，即从受压状态转变为受拉状态，绘制拱顶边缘应力变化曲线，如图 5-12 所示。

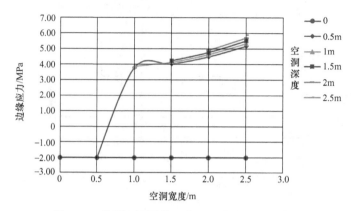

图 5-12 拱腰空洞下拱顶截面边缘应力变化曲线

如图 5-12 所示，拱顶内侧边缘应力随着空洞宽度和深度的增加逐渐增大，随着深度尺寸变化较小。除空洞尺寸为 0.5m×0.5m 外，拱顶内侧边缘都处于受拉状态，且其拉应力大小为 3.77~5.88MPa，远超过砂浆的抗拉强度设计值 0.33MPa。因此，左拱腰空洞病害的出现，大大降低了拱顶处灰缝截面的安全性，并促进拱顶砂浆进一步脱落。

（2）拱顶灰缝截面剪应力随空洞规模变化规律　根据表 5-7 中数据绘制拱腰空洞下拱顶灰缝截面剪应力变化曲线图，如图 5-13 所示。

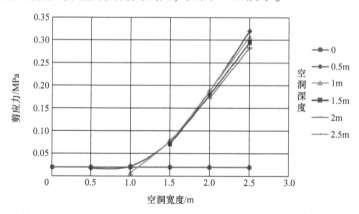

图 5-13 不同空洞宽度下拱顶截面剪应力变化曲线

如图 5-13 所示，拱顶处剪应力在左拱腰空洞深度一定时，随着空洞宽度的增加逐渐增加；但在拱腰空洞宽度一定的情况下，随着空洞深度的增加逐渐减小，且变化幅度很小，由此可以看出空洞宽度的影响较深度更为显著。

3. 左拱腰空洞下右拱腰灰缝截面安全性分析

（1）右拱腰内侧边缘应力随空洞规模变化规律　由表 5-7 中数据可知，左拱腰空洞对右拱腰截面安全性的影响相对较小，且右拱腰内侧边缘应力值为负，即处于受压状态，绘制右拱腰内侧边缘压应力变化曲线，如图 5-14 所示。

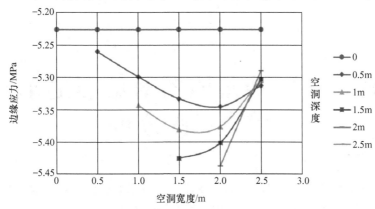

图 5-14　不同空洞宽度下右拱腰衬砌边缘应力变化曲线

如图 5-14 所示，左拱腰空洞下，右拱腰灰缝截面衬砌边缘应力均处于压应力状态，边缘压应力在不同工况下的最小值和最大值分别为 5.23MPa、5.44MPa，说明左拱腰空洞对右拱腰截面边缘应力的影响可以忽略不计。

（2）右拱腰灰缝截面剪应力随空洞规模变化规律　根据表 5-7 中数据绘制左拱腰空洞下右拱腰灰缝截面剪应力变化曲线图，如图 5-15 所示。

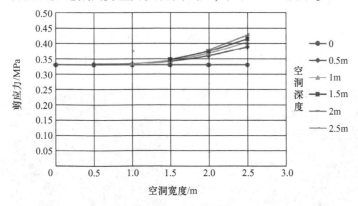

图 5-15　不同空洞宽度下右拱腰灰缝截面剪应力变化曲线

如图 5-15 所示，右拱腰处截面处剪应力随着空洞宽度和深度的增加均逐渐增大；右拱腰截面剪应力最小值和最大值分别为 0.33MPa、0.44MPa，说明左拱腰空洞对右拱腰截面剪应力的影响较小。

本章彩图（部分）

第6章 砂浆掉落对砌石隧道结构受力影响分析

砂浆脱落不仅降低了衬砌结构的整体性,更影响了砌石衬砌结构的安全性。为进一步明确砂浆脱落对砌石隧道安全运营的影响机理,本章基于现场检测的结果,分析不同规模砂浆脱落下砌石隧道结构的安全性,揭示砂浆脱落对砌石隧道结构安全性的影响规律。

6.1 概述

本章以隧道①为工程依托,研究砂浆脱落病害对砌石隧道结构安全性的影响规律。

砌石隧道作为铁路运营隧道的一部分,其结构安全至关重要,随着服役年限的增长,砌石隧道砂浆脱落病害现象比较严重,如图6-1所示。

a)

b)

图6-1 隧道①砂浆脱落

通过对砌石隧道表面病害的统计分析,发现该隧道砂浆脱落现象非常严重,并且砌石边缘腐蚀与砂浆脱落相互促进,对隧道运营安全的威胁日益严重。砂浆脱落深度平均为5cm,严重部位达到18cm。随着砌石衬砌的进一步老化,砂浆脱落将进一步发展,甚至出现掉块现象,必定会降低隧道结构的安全性,严重者将危及铁路隧道的安全运营。

6.1.1 数值计算模型确定

根据隧道①地质水文及病害情况，确定如下的计算方法：

1）采用二维计算模型，不考虑沿隧道走向结构形式及地质条件的变化，隧道埋深取40m。

2）使用地层 – 结构法处理围岩与衬砌结构之间的作用关系。

3）采用共节点计算模型，如图 6-2 所示。

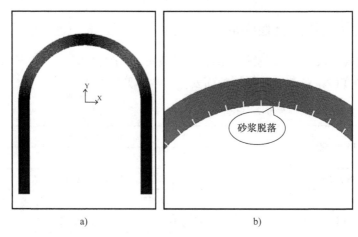

图 6-2 砂浆脱落地层应力法计算模型
a) 整体模型 b) 砌石衬砌细部模型图

6.1.2 工况确定

根据砌石隧道检测结果发现，砌石隧道局部区段拱圈区域出现大面积砂浆脱落情况，脱落区域几乎涉及整个拱圈，且病害区域基本成对称分布。砂浆脱落深度在 0~18cm 之间，本章共选取 9 种深度工况（见表 6-1）。

表 6-1 砂浆脱落影响的计算工况

工况	砂浆脱落深度/cm	砂浆脱落环向区域/(°)
1—1	0	0
2—1	2.5	120
2—2	5	120
2—3	7.5	120
2—4	10	120
2—5	12.5	120

(续)

工况	砂浆脱落深度/cm	砂浆脱落环向区域/(°)
2—6	15	120
2—7	17.5	120
2—8	20	120

6.2 不同深度砂浆脱落下砌石隧道安全性分析

6.2.1 衬砌结构安全性分析

通过有限元软件后处理模块导出各检算截面所受轴力和弯矩，并结合式（3-3）计算衬砌存在砂浆脱落时各检算截面安全系数，见表6-2。

表6-2 不同工况下衬砌安全系数汇总表

工况	检算截面						
	1	2	3	4	5	6	7
不存在砂浆脱落	7.70	7.29	9.18	14.34	9.11	7.31	7.70
脱落深度为2.5cm	7.70	7.30	8.77	13.66	8.69	7.32	7.70
脱落深度为5cm	7.71	7.33	8.36	12.94	8.28	7.35	7.71
脱落深度为7.5cm	7.72	7.36	8.05	12.06	7.99	7.38	7.73
脱落深度为10cm	7.74	7.40	7.60	10.96	7.52	7.43	7.74
脱落深度为12.5cm	7.76	7.45	6.93	9.63	6.82	7.47	7.76
脱落深度为15cm	7.78	7.50	6.01	3.88	5.89	7.53	7.78
脱落深度为17.5cm	7.80	7.56	2.72	1.97	2.56	7.59	7.81
脱落深度为20cm	7.83	7.63	1.09	1.21	1.03	7.65	7.84
同截面不同工况下安全系数最大差值	0.13	0.34	8.09	13.13	8.08	0.34	0.14

表6-2表明，砂浆脱落对各截面安全系数的影响程度存在差异性，随着砂浆脱落深度的增加，拱顶及拱腰截面的安全系数下降较为显著，其他截面则出现小幅度增大。根据表6-2，绘制不同深度砂浆脱落下衬砌结构检算截面安全系数曲线，如图6-3所示。

1. 砂浆脱落对衬砌各检算截面安全性影响分析

如图6-3中曲线所示，砂浆脱落下检算截面安全系数呈对称分布，对拱顶、拱腰截面的安全系数的影响相对较大，对拱脚、边墙处截面的安全系数影响较

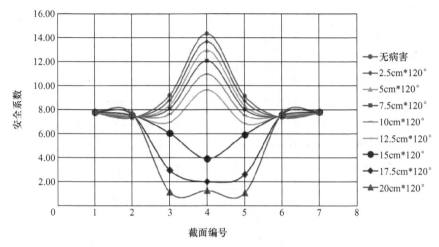

图 6-3 不同深度砂浆脱落下隧道结构安全系数对比图

小;砂浆脱落深度由 0 变为 20cm 时,拱顶截面安全系数降低 92%(由 14.34 变为 1.21),拱腰截面安全系数降低 88%(由 9.18 变为 1.09),拱脚边墙处几乎不变。

2. 脱落深度变化对衬砌结构安全性影响规律性分析

砂浆脱落深度在 0~12.5cm 时,拱顶及拱腰安全系数降低幅度较小,但当砂浆脱落深度由 12.5cm 增至 15cm 时,拱顶及拱腰各截面安全系数变化幅度较大,且拱顶处变化更为显著,拱顶安全系数由 14.34 变为 3.88(降低 73%),拱腰由 9.18 变为 6.01(降低 35%),拱顶处截面已经接近受拉控制截面安全系数要求的最小值 3.6。砂浆脱落深度由 15cm 增至 20cm 时,拱顶安全系数由 3.88 变为 1.21,拱腰则由 6.01 变为 1.09,均变为危险截面。因此,对砂浆脱落病害进行整治时,通过复合防水材料填补砂浆脱落能有效缓解砂浆脱落危害。

3. 拱顶、拱腰安全性分析

为分析拱腰及拱顶处截面安全系数的变化规律,根据表 6-2 数据,绘制不同深度砂浆脱落下拱顶、拱腰安全系数曲线,如图 6-4 所示。

如图 6-4 所示,随着砂浆脱落深度的增加,拱顶和拱腰处截面安全系数降低幅度较大,当脱落深度由 12.5cm 增加到 15cm 时,拱顶截面安全系数变化幅度最大;脱落深度由 15cm 增加到 17.5cm 时,拱腰截面安全系数变化幅度最大。拱顶截面随着砂浆脱落深度的增加,较拱腰截面更早成为危险截面。

6.2.2 灰缝截面安全性分析

以衬砌内侧边缘处拉应力和灰缝截面剪应力两个指标,分析砂浆脱落下砌石隧道灰缝截面的安全性,由于拱顶、拱腰处是比较危险的截面,故选其为研究对

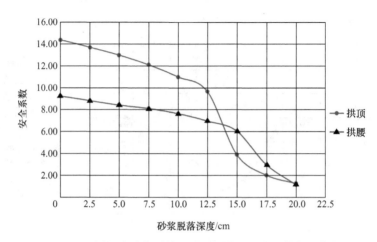

图 6-4　不同深度砂浆脱落下拱顶、拱腰安全系数变化曲线

象，计算不同深度砂浆脱落下拱顶及拱腰灰缝截面处拉/压应力（正值为拉应力，负值为压应力）和剪应力，见表 6-3。

表 6-3　不同工况下截面拉/压应力、剪应力汇总表

脱落深度	部位			
	拱顶		拱腰	
	拉/压应力/MPa	剪应力/MPa	拉/压应力/MPa	剪应力/MPa
0	−2.00	0.02	−5.23	0.33
2.5cm	−1.84	0.02	−4.93	0.35
5cm	−1.53	0.02	−4.35	0.37
7.5cm	−1.18	0.02	−3.64	0.39
10cm	−0.82	0.02	−2.89	0.41
12.5cm	−0.49	0.02	−2.15	0.42
15cm	−0.17	0.02	−1.43	0.43
17.5cm	0.13	0.02	−0.73	0.44
20cm	0.40	0.03	−0.07	0.45

表 6-3 表明，拱顶衬砌内侧边缘应力值逐渐由负值变为正值，即从压应力向拉应力状态转变，拱顶截面处的剪应力很小，符合理论预期结果。拱腰灰缝截面内侧边缘应力一直处于负值，即始终处于受压状态，但随着脱落深度的增加，压应力逐渐减小。

1. 衬砌边缘应力变化规律分析

为分析拱圈衬砌内侧边缘应力变化规律，绘制拱顶、拱腰内侧边缘应力变化

曲线图，如图6-5所示。

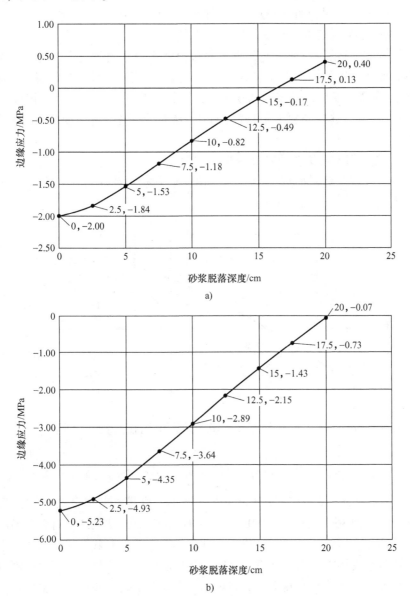

图6-5 内侧边缘应力随砂浆脱落深度变化曲线
a) 拱顶内侧边缘应力 b) 拱腰内侧边缘应力

如图6-5a所示，在未出现砂浆脱落时，拱顶内侧边缘所受应力为压应力，但随着砂浆脱落深度的增加，逐渐变为拉应力，且边缘应力代数值与砂浆脱落深度成正相关，几乎接近线性关系。因此，随着砂浆脱落深度的增加，拱顶处砂浆受到的约束越来越小。当砂浆脱落深度达到 17.5cm 时,衬砌内边缘受到的拉应力为 0.13MPa,而砂浆抗拉强度设计值仅为 0.33MPa。当砂浆脱落深度大于 17.5cm 时,砂浆脱落进一步发展的可能性增大。

如图 6-5b 所示,在未出现砂浆脱落时,拱腰边缘处所受应力为压应力,但随着砂浆脱落深度的增加,拱腰边缘受到的压应力逐渐减小,当砂浆脱落深度为 20cm 时,拱腰边缘应力达到 -0.07MPa,即将变为拉应力。因此,随着砂浆脱落深度的增加,拱腰砂浆受到的约束变小,从而砂浆脱落进一步发展的可能性也必然增大。

2. 灰缝截面剪应力变化规律分析

为分析拱圈灰缝截面剪应力变化规律,绘制拱腰截面剪应力变化曲线(拱顶截面剪应力为零),如图 6-6 所示。

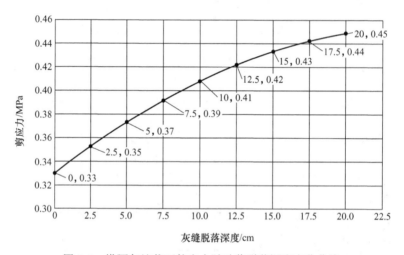

图 6-6　拱腰灰缝截面剪应力随砂浆脱落深度变化曲线

如图 6-6 所示,随着砂浆脱落深度的增加,拱腰处灰缝截面剪应力逐渐增大,增长幅度为 36%(由 0.33MPa 增大为 0.45MPa),增长幅度有轻微减小的趋势,但总体几乎呈线性增长,这是由于砂浆的脱落使受剪截面线性减小所致。随着砌石隧道服役年限增长,砂浆已出现一定程度的老化,材料性能逐渐降低,剪应力的增大促使灰缝截面发生受剪破坏,大大降低了砌石隧道服役安全性。

本章彩图(部分)

第7章 铁路运营隧道健康评价方法

7.1 引言

铁路隧道是铁路运营线路上的重要设施，隧道的安全状况直接影响隧道运营能力。随着服役时间的增加，隧道结构的劣化导致隧道整体性能下降，结合西南地区运营铁路检测资料的统计分析可知，截至 2014 年，超过半数以上的隧道都出现了不同程度的病害，这些病害降低了铁路运营隧道的整体承载性能，严重影响了铁路运营隧道的使用寿命。隧道的健康状况是在围岩条件、环境病害、材料劣化等多种因素作用下的综合表现，隧道的健康状态是随时间逐渐劣化的过程，研究隧道健康状态需要考虑多种病害的动态影响。为了能够综合评价隧道的健康状况，通过隧道病害的专项检测获得隧道当前的病害指标值，利用层次分析法建立铁路运营隧道健康状态评价模型，结合变权理论和可变模糊集理论研究指标对权重及隶属度的影响，针对隧道服役的不同时间进行不同模型的计算，科学准确地掌握铁路运营隧道健康状态，为隧道的运营管理和维修加固提供参考。

7.2 铁路运营隧道健康评价模型研究

7.2.1 评价方法的选择

铁路运营隧道的承载性能受到多种病害的综合影响，对隧道健康的评价不能仅仅通过单因素指标的大小来评判，需要将每种病害的指标客观地进行量化，采取合适的方法排除主观的干扰，最后将多种病害组合，综合评价铁路运营隧道的健康状态。通过文献调研发现，目前比较成熟的评价方法主要有层次分析法、聚类分析法、综合评价指数法、模糊综合评价法。

层次分析法是美国运筹学家 T. L. Saaty 于 20 世纪 70 年代中期提出的一种系统分析方法，其基本原理是把复杂系统分解成目标、准则、指标等层次，在此基础上进行定性和定量分析的决策。它把人的决策思维过程层次化、数量化、模型化，并用数学手段为分析、决策提供定量的依据，是一种对非定量事件进行定量分析的有效方法，特别是在目标因素结构复杂且缺少必要的数据情况下，需要将决策者的经验判断定量化时该法非常实用。层次分析法首先根据问题性质和类别分解出影响目标各项指标，定性分析指标影响程度，根据指标相互关系构建层次结构模型，相互比较来确定权重，然后逐层进行分析，最终达到目标层。

聚类分析是指将抽象对象的集合，分组成为由类似的对象组成的多个类的分析过程。它是以数据挖掘为主要任务，通过将不同的事物的样本数据按照一定的规律进行分类，最后得到数据的数学特征指标，来衡量数据之间的相似性。聚类分析发展到今天，理论还不够完善，方法还比较粗糙，还不能准确地将数据源分类到不同的类别中。

综合指数法是编制总指数的基本形式，把不同性质、不同类别、不同计量单位的工作指标经过指数化变成指数，定量地对某现象进行综合评价、比较。综合评价指数法具有灵活性、全面性的特点，目前广泛运用于涉及面较广且较为复杂的评价中。综合指数法的应用关键是确定指标集和指标权重，但其缺点是容易人为夸大权重大的因素而掩盖权重小的因素的作用，权重的大小受人为因素影响较大。另外，该评价模型的多样性特点，也使其难以找到较为理想的一般表达形式。

模糊综合评价法由美国自动控制专家 Zadeh 于 1965 年提出，是应用模糊数学的理论，针对评价对象在定性和定量上的模糊性，应用模糊关系合成的原理，根据多个评价因素，对评判事物隶属等级状况进行明确评价的一种综合评价方法。它突破了精确数学的逻辑和语言，强调了影响事物因素中的模糊性，较为深刻地刻画了事物的客观属性。应用模糊评判法时首先要确定评价参数，不同参数在评价中所起的作用也不相同，需要分别确定各参数的权重因子大小。随后要根据不同参数的特点给出拟合隶属函数，结合评价标准，经模糊变换给出隶属度值，完成模糊综合评价。

本节主要通过层次分析法建立铁路运营隧道健康评价体系，运用可变模糊集理论确定隧道指标等级的隶属度，利用变权理论对指标权重重新分配，最终建立铁路运营隧道健康状态模糊动态评价模型。

7.2.2 隧道健康动态评价基本思路

铁路运营隧道的健康评价模型可以按照以下思路进行：

1）根据铁路运营隧道的病害特点，利用层次分析法构建层次评价体系。

2）两两比较指标要素，利用乘积标度法确定指标的相应权重，构造判断矩阵，并且判断每个矩阵的一致性，若不满足一致性条件，则要修改判断矩阵，直至满足为止。

3) 对检测指标进行标准化，研究可变权重的计算方法，计算指标层指标变权权重。

4) 利用可变模糊集理论，建立不同运营时期隧道安全评估动态模型。

铁路运营隧道健康评价流程图如图 7-1 所示。

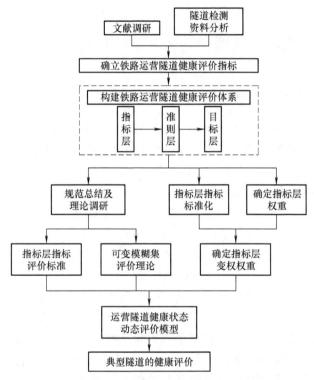

图 7-1　铁路运营隧道健康评价流程图

根据模糊评价理论，结合以上确定的评价思路，总结铁路运营隧道健康评价具体步骤如下：

1) 确定评价指标，建立铁路运营隧道健康评价体系。隧道健康状态的直观反映就是隧道内出现的病害，通过统计分析检测资料的病害，对隧道病害进行分类整理，建立铁路运营隧道健康评价体系。

2) 结合运营铁路特点，建立各指标评价标准。通过分析现场记录数据，结合前人研究成果，研究铁路运营隧道健康评价集的选取，确立各指标的评价标准。

3) 确定指标层及准则层常权权重 W。结合隧道病害调查资料，运用乘积标度法分别建立指标层和准则层权重判断矩阵，并对其进行一致性检验。

4）指标层指标标准化。对于定量指标，依据折线型曲线对其指标进行标准化；对于定性指标，采用定性判定的方法进行标准化，最终将指标值转化为0~1区间值，便于对其进行变权计算。

5）建立模糊综合动态评价模型。采用可变模糊集理论，针对隧道运营时期的不同，采用不同的计算模型对其进行综合评价，实现隧道健康状态的动态评价。

7.3 铁路运营隧道健康评价体系的研究

7.3.1 评价指标的选取原则

评价指标是定量研究运营隧道衬砌健康状态的基础，选取的评价指标是否合理，直接关系到最终健康评价结果的合理性和可靠性。评价指标选取的太多可能会造成指标间信息重复，相互干扰；选取的太少可能会使所选取的指标缺乏足够的代表性，影响评价结果的准确性。因此，为了使所选取的评价指标具有足够的代表性并更好地反映铁路运营隧道的健康状态，在建立铁路运营隧道健康状态评价指标体系时，评价指标应遵循以下6项原则：

（1）科学性原则　评价指标必须概念明确，具有一定的科学内涵，能够反映铁路运营隧道健康状态某一方面的状态。

（2）完备性原则　评价指标应该是影响隧道状态的主要因素，并且能够全面、完整地反映运营隧道健康状态的重要特征，使评价的结果准确可靠。

（3）简洁性原则　在保证重要影响因素不被遗漏的同时，应该尽可能选择主要的、有代表性的评价指标，从而减少评价指标的数量，便于计算和分析。

（4）相对独立性原则　各评价指标应该尽量排出相容性，能够相对独立地反映运营隧道健康状态某一方面的特征。

（5）可操作性原则　铁路运营隧道评价指标一般指隧道的常见病害，对于指标的选取应该能够通过已有手段的方法进行度量。有些指标虽然很合适，但不容易得到或无法得到，就不切合实际，缺乏可操作性。

（6）层次性原则　将隧道健康状态评价指标体系这个复杂问题分解为多个层次来考虑，形成一个包含多个子系统的多层次递阶分析系统，从而能够全面地对隧道健康状态进行深入研究。

7.3.2 评价指标的选取

铁路运营隧道的健康状态反映的是隧道结构对运营状态下铁路的影响，主要体现在隧道内各种病害对隧道承载性能以及铁路运营安全的影响。因此，铁路隧道的健康状态主要通过各种病害的状态评价,来综合评判铁路运营隧道的健康状态。

通过分析检测资料和现场病害检测数据,发现隧道病害主要有以下几种:衬砌变形或移动、衬砌腐蚀、衬砌开裂或错动、衬砌压溃、洞口仰坡塌方落石、洞内外排水设施损坏、渗漏水、隧道铺底破坏、仰拱变形破坏、限界不足。其中,洞内外排水设施损坏和隧道铺底破坏主要是由于防排水设计原因和运营期间渗漏水病害引起的,对于三种病害在指标选取时可以只考虑渗漏水病害。另外,大量的研究表明,由于施工工艺、施工方法、施工质量、混凝土收缩等多方面的原因,隧道衬砌背后空洞也是影响隧道安全的主要病害之一。

通过以上分析,针对铁路运营隧道健康评价指标的选取,主要研究分析衬砌变形或移动、衬砌腐蚀、衬砌开裂或错动、衬砌压溃、洞口仰坡塌方落石、渗漏水、仰拱变形破坏、限界不足和衬砌背后脱空等病害,根据评价指标的选取原则,选取适合评价隧道健康状态的指标,最终建立隧道健康评价体系。

1. 衬砌开裂或错动

通过检测资料统计和现场记录数据分析来看,衬砌的开裂与错动主要表现为混凝土衬砌的开裂,而砌石衬砌主要表现为前面提到的砌缝问题,从相对独立性原则考虑,衬砌的开裂与错动主要研究的是混凝土衬砌的裂缝问题。大量的研究表明,裂缝对于隧道的稳定性影响比较复杂,大致有裂缝部位、长度、宽度、深度、裂缝的发展性、裂缝的走向等诸多因素。

衬砌裂缝的长度和宽度可以直观地反映衬砌裂缝的状态,是目前分析衬砌裂缝时最常用的指标之一。长度可采用常规的直尺测定,裂缝的宽度主要采用裂缝宽度仪测定。在考虑衬砌裂缝长度和宽度评价衬砌裂缝时,一般会考虑衬砌裂缝的位置和走向,从独立性和简洁性原则考虑,未将衬砌裂缝的位置和走向作为衬砌裂缝的评价指标。

科研人员研究发现,随着衬砌裂缝深度与衬砌厚度之比 k 的增大,衬砌结构的承载能力下降,表明衬砌裂缝的深度对隧道的状态有较大的影响。因此可将裂缝深度作为一个指标。裂缝深度一般可通过钻芯法和超声波检测得到。在隧道调查和检测工作中,在短时间内无法确定裂缝是否发展,因此未将衬砌裂缝的发展性作为评价的指标。

综上分析,对于衬砌开裂或错动,采用裂缝长度和宽度、深度作为衬砌裂缝的评价指标,而对于裂缝产生的位置、裂缝的走向和裂缝的发展性,仅作为衬砌裂缝长度和宽度的辅助评价因素。

2. 衬砌腐蚀

对于铁路运营隧道的衬砌腐蚀,由于隧道衬砌材料类型的不同,根据隧道拱圈材质类型的不同,将衬砌腐蚀分为混凝土衬砌腐蚀和砌石衬砌腐蚀。通过分析检测资料和现场调查来看，混凝土衬砌腐蚀主要表现为衬砌表面的起层剥落，集中表现为混凝土衬砌材质的劣化。砌石衬砌的腐蚀不仅表现为砌石材质的劣化，还表现为砌块之间砌缝的腐蚀掉落的病害，从而严重影响隧道内行车安全。因此，针对混凝土衬砌，采用混凝土衬砌有效强度和厚度评价混凝土衬砌的腐蚀情况；针对砌石衬砌，采用砌石衬砌有效强度和砌缝砂浆掉落来评价砌石衬砌腐蚀情况。

无论是混凝土衬砌还是砌石衬砌，对于衬砌材质劣化主要从隧道衬砌基本参数出发，采用劣化部位、衬砌有效强度、衬砌有效厚度等指标来评价。

衬砌有效强度和衬砌有效厚度的变化可直接反映隧道衬砌材质劣化的情况。针对混凝土衬砌材质的劣化，在环境方面主要受碳化的影响，混凝土的碳化是指空气中的二氧化碳渗入到混凝土中并与其碱性物质发生物理化学反应，生成碳酸盐和水的现象。因此，混凝土衬砌的强度和厚度的变化都要考虑碳化的影响。

由于在评价衬砌强度和衬砌厚度时，需要考虑部位因素，因此从独立性的角度考虑，未将劣化部位作为衬砌材质劣化的一个指标。所以，对于混凝土衬砌材质劣化，采用衬砌有效强度、衬砌有效厚度作为衬砌材质劣化的指标。

砌缝砂浆掉落主要针对砌石衬砌在长期服役过程中，由于机车运行产生废气中含有酸性气体、渗漏水等因素影响，砌块周边产生风化现象，砌缝砂浆的黏结性能下降，导致砌缝失去黏结力和抗压强度，从而发生砌缝脱落、砌块松动等现象，直接影响隧道内行车的安全。砌缝砂浆的掉落会使两砌块之间产生空隙，使隧道衬砌结构的受力性能发生改变，砂浆掉落的深度越大，影响隧道衬砌整体承载性能也越大，从指标获取方面来看，砌缝砂浆掉落的深度可以通过直尺等测量工具进行方便测量。综上分析，对于砌石衬砌材质劣化，不仅要采用衬砌强度和厚度评价指标，还要增加砂浆掉落深度作为材质劣化的指标。

3. 渗漏水

隧道渗漏水是隧道运营过程中最严重的病害之一。隧道渗漏水一般是指在运营隧道中围岩的地下水和地表水直接或间接地以渗漏方式或涌出形式进入隧道内造成的危害。因此，可以用渗漏水位置、漏水状态、pH值、漏水压力、漏水流量、漏水混浊情况等因素来反映。

漏水状态可以反映渗漏水的严重程度，在分析渗漏水状态时需要考虑漏水部位。因此，从独立性的角度考虑，未将渗漏水部位作为评价渗漏水的指标。

在对渗漏水状态进行分析时，同时还要考虑渗漏水水压、水流量等因子，其中漏水量又与是否降水有关。因此，由综合评价指标的独立性和可操作性，未将漏水压力和漏水量作为渗漏水的评价指标。

虽然隧道衬砌背后的沙土流出会导致渗漏水混浊的情况，但是要想根据漏水是否透明、是否混浊来检查和评价沙土是否和漏水一起流出，就需要在有沙土流出的地方测定每处的沙土流出量。由于漏水混浊情况的度量准确性不高，而且其危害性的评价也很困难，沙土的流出还会导致围岩松弛而引起其他病害。因此，由综合评价指标的可操作性，未将漏水混浊情况作为渗漏水的评价指标。

渗漏水是加速衬砌材质劣化的原因之一，特别是在渗漏水呈现强酸性的情况下，混凝土有严重劣化的危险。一般使用 pH 试纸来测定渗漏水的酸碱度。因此，从简捷性和可操作性的原则考虑，将渗漏水的 pH 值作为渗漏水的诊断指标。

综上分析，对于渗漏水病害，采用漏水状态、pH 值作为渗漏水的指标。

4. 衬砌压溃

通过文献调研和检测资料来看，隧道衬砌的压溃主要是由于隧道内部衬砌风化，外部围岩出现膨胀性土压引起的变异。所谓膨胀性土压就是使隧道净空缩小，而挤出的围岩产生作用于衬砌和支护结构上的土压。当边墙刹肩处施工不良，而水平塑性地压力起主要作用时，或者地压力很大时，都会造成拱顶部被压溃的现象。其中引起膨胀性土压的结构因素有未设仰拱、衬砌厚度不足、拱背后空洞三种。

综上分析，衬砌压溃与隧道所处的地质条件、衬砌厚度不足、拱背后空洞有关，从可操作性和独立性角度考虑，未将衬砌压溃作为隧道健康评价的指标。

5. 洞口仰坡塌方落石

洞口仰坡塌方落石病害主要是受早期隧道修建隧道"晚进洞、早出洞"思想的影响，在隧道进出口出现大量的高边坡、高仰坡。随着服役时间的增长，仰坡岩石风化破碎，易发生崩塌落石，危及行车安全。但是对于落石的大小、碎石落下的可能性、对行车的危害有多大等因素都是无法估量的，对于指标的选取和度量操作起来比较困难，如果仅凭观察获取数据又不具有科学性和准确性，所以从可操作性和科学性方面来看，未将洞口仰坡塌方落石病害作为评价指标。

6. 衬砌变形或移动

隧道衬砌的变形、移动和沉降可根据测量的横断面尺寸数据，计算得到衬砌变形、移动和沉降的变形速率和变形量，变形速率可以反映衬砌横断面形状的变化过程，变形量则可以反映隧道净空的变化情况以及建筑限界是否满足要求。

因此对于衬砌变形或移动，采用衬砌变形或移动的变形速率和变形量作为指标。

7. 仰拱变形破坏

隧道仰拱变形破坏是一个很少见的病害，通过文献调研，仰拱的破坏主要是由于设计时仰拱设计强度不高，随着列车的运行速度的提高和运载量的提高，对隧道仰拱产生了不同程度的影响，加上围岩外力的作用，造成隧道仰拱的破坏。从可操作性和简洁性方面考虑，未将仰拱变形破坏作为评价指标。

8. 限界不足

根据隧道检测资料统计分析，隧道限界不足主要是由隧道设计和改造引起的，随着货物列车的不断发展，早期修建隧道无法满足大型货物的通过，加上隧道经过电气化改造，对部分隧道进行加固维修改造处理，导致隧道内轮廓变小，造成限界不足。对于限界不足病害，只能通过对隧道的进一步维修改造来实现，针对隧道限界不足，衬砌变形或移动也会导致隧道限界不足的病害，从相对独立性和可操作性原则考虑，未将限界不足作为评价指标。

9. 衬砌背后脱空

由于铁路隧道地质条件复杂、设计不当、施工质量缺陷以及运营期的渗漏水冲刷等问题，导致铁路隧道衬砌背后出现脱空现象。当在衬砌背后存在空洞时，隧道衬砌的受力将会被改变，严重时会导致围岩因松弛和变形而发生突发性崩塌。衬砌背后空洞可以用空洞部位、空洞径向尺寸、空洞纵向尺寸、空洞横向尺寸等因素反映。

研究发现，空洞存在的部位不同对隧道衬砌的承载性能影响是不同的，拱顶和拱腰处危害最大，拱脚和边墙处空洞危害相对较小。为了能科学评价空洞对隧道的影响，将衬砌背后脱空部位作为评价指标。

空洞的横向尺寸对隧道承载能力的影响很大，在隧道检测过程中，可以通过布置横向测线测量隧道衬砌背后空洞的横向尺寸，也可以通过测线的布置来估计衬砌背后空洞横向尺寸的大小，根据对隧道衬砌背后空洞横向尺寸的数值研究表明，空洞横向尺寸超过2m后，衬砌的承载力随着空洞宽度的增大而迅速减小，因此，将衬砌背后空洞的横向尺寸作为隧道衬砌背后脱空的评价指标。

衬砌背后空洞的径向尺寸过大，一旦围岩松动掉落，直接影响隧道衬砌的安全。在分析衬砌背后空洞径向尺寸时，需要结合衬砌背后空洞的纵向尺寸一起考虑，所以，根据相对独立性原则，只将空洞的径向尺寸作为衬砌背后空洞的评价指标。

综上分析，对于衬砌背后空洞，采用空洞部位、空洞横向尺寸和空洞径向尺寸作为评价衬砌背后空洞的指标。通过研究分析检测资料和文献调研结果，从铁路运营隧道病害特点出发，依据评价指标的选取原则，总结出评价铁路运营隧道的健康评价准则层指标——衬砌开裂或错动、衬砌材质劣化、砌缝腐蚀、渗漏水、衬砌背后脱空和衬砌变形或移动共六类指标，并且综合分析了各指标下的详细指标。

7.3.3 评价指标体系的建立

西南地区内铁路运营隧道大多修建于 20 世纪 50、60 年代，绝大多数隧道距今服役 50 年以上，因地质环境复杂和当时施工技术落后等原因，隧道衬砌大部分采用砌石衬砌、混凝土衬砌以及混凝土拱圈 + 砌石边墙的混合式衬砌，针对铁路运营隧道衬砌形式的多样性，选取对隧道安全影响严重的拱圈衬砌为基准，利用层次分析法原理，结合选取的运营隧道典型病害评价指标，分别建立混凝土衬砌和砌石衬砌的健康状态评价体系，如图 7-2 和图 7-3 所示。

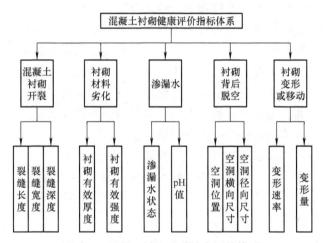

图 7-2 混凝土衬砌隧道健康评价体系

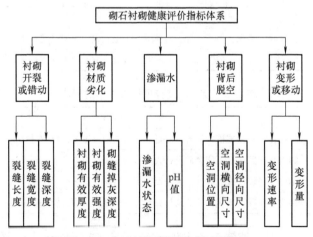

图 7-3 砌石衬砌隧道健康评价体系

7.4 铁路运营隧道健康评价标准的研究

7.4.1 评价标准评语集的拟定

铁路运营隧道健康状态受到多种因素的影响，单纯说隧道的健康状态还比较抽象，若对隧道健康状态进行分级量化，可以明确了解隧道的健康状态。隧道的健康状态是由病害综合评价得到的，通过对病害指标的严重程度进行分级处理，最后通过隧道评价体系对运营隧道进行科学合理的评判。

铁路运营隧道的健康评判等级的划分主要是用来区分隧道在多种病害作用下对隧道安全性的影响程度。而对于健康一词，首先是出现在医学上对病人的健康状况的诊断，主要分为健康、基本健康、健康欠佳、病危四级。

在国外，隧道健康状态也成了焦点话题，日本、美国等发达国家先后就隧道的安全性评价问题，提出了三级、四级、十级等分类评判标准，以此来评判隧道的安全状况，并且为隧道的维护修理提供依据。

在国内，我国JTG H12—2015《公路隧道养护技术规范》将土建结构的检查工作主要分为日常检查、定期检查、特别检查和专项检查四类。对于日常检查、定期检查和特别检查的结果，主要按表7-1进行分类；对于专项检查的结果，主要按表7-2进行分类。

表7-1 公路隧道日常检查、定期检查和特别检查结果的判定

判定分类	检查结论
S	情况正常（无异常情况，或者虽有异常情况但很轻微）
B	存在异常情况，但不明确，应作进一步检查或观测以确定对策
A	异常情况显著，危及行人、行车安全，应采取处治措施或特别对策

表7-2 公路隧道专项检查结果的判定

判定分类	检查结论
B	结构存在轻微破损，现阶段对行人、行车未有影响，但应进行监视或观测
1A	结构存在破坏，可能会危及行人、行车安全，应准备采取对策措施
2A	结构存在较严重破坏，将会危及行人、行车安全，应尽早采取对策措施
3A	结构存在严重破坏，已危及行人、行车安全，必须立即采取紧急对策措施

我国铁路部门针对铁路隧道的劣化状态，于1997年颁布了我国铁路行业标准TB/T 2820.2—1997《铁路桥隧建筑物劣化评定标准—隧道》，标准中将隧道劣化等级分为五级，并采用劣化度的方式来判定铁路隧道结构物的功能状态，见表7-3。

表7-3 铁路隧道劣化等级划分

劣化等级		对结构功能和行车安全的影响	措施
A	AA（极严重）	结构功能严重劣化，危及行车安全	立即采取措施
	A1（严重）	结构功能严重劣化，进一步发展危及行车安全	尽快采取措施
B（较重）		劣化继续发展会升至A级	加强监视，必要时采取措施
C（中等）		影响较少	加强检查，正常维修
D（轻微）		无影响	正常保养及巡检

综上分析，对于隧道健康的评价等级划分，大多采用四级标准划分评判，而对于铁路隧道，在最新发布的《铁路桥隧建筑物修理规则》中，对隧道的劣化等级评定也采用的四级标准，分析 TB/T 2820.2—1997《铁路桥隧建筑物劣化评定标准—隧道》的劣化等级，其中 D 级病害对隧道安全无影响，基本上属于无病害阶段，因此本章参考医学健康等级划分方法，以我国铁路隧道健康评价标准为基础，采取四级划分法，将隧道健康等级表示为基本健康、亚健康、病害、病危，分别以符号Ⅰ、Ⅱ、Ⅲ、Ⅳ表示，建立健康等级综合评判标准，如表7-4所示。同时建立病害指标的定量或定性评判标准。

表7-4 病害指标评判标准

健康等级	综合评价	措施	健康值F
Ⅰ（基本健康）	衬砌结构整体性好，基本没有渗水出现，对隧道内行车没有安全影响	正常对隧道的检查和保养	$3.5 \leq F \leq 4.5$
Ⅱ（亚健康）	衬砌结构存在少量裂缝，具有一定发展趋势，隧道内有少量渗水病害出现，有进一步劣化、影响行车安全的可能性	加强监视，采取必要的预防措施	$2.5 \leq F \leq 3.5$
Ⅲ（病害）	衬砌结构裂缝密集，出现剪切性裂缝，并且发展速度快，隧道内有大量渗漏水病害，衬砌材质出现劣化现象，有剥落掉块的可能性，影响行车安全	应尽快采取措施对病害进行处理	$1.5 \leq F \leq 2.5$
Ⅳ（病危）	衬砌结构裂缝密集，出现剪切性裂缝，并且发展速度较快，隧道内有大量线流状等渗水现象，衬砌材质出现严重劣化现象，整体承载性能下降，严重危及行车安全	应立即采取应对措施	$0.5 \leq F \leq 1.5$

7.4.2 衬砌开裂或错动

衬砌开裂或错动主要以裂缝长度、宽度和深度三个指标来评价。

对于衬砌裂缝长度和宽度的判定,在日本《公路隧道维持管理便览》和我国 JTG H12—2015《公路隧道养护技术规范》中,两个标准都对衬砌裂缝的长度和宽度给出了基本相同的定量标准,在我国 TB/T 2820.2—1997《铁路桥隧建筑物劣化评定标准—隧道》中,则采用的是定量和定性相结合的方法将衬砌裂缝分为五级。以铁路隧道评判标准为基础,通过分析隧道衬砌检测数据,结合数值分析不同裂缝长度对隧道安全性的影响,分别建立隧道衬砌裂缝长度和宽度的四级评价标准,见表 7-5 和表 7-6。

表 7-5　混凝土衬砌裂缝长度评价标准

评价等级	衬砌裂缝长度 L/m
Ⅰ（基本健康）	$0 < L \leqslant 0.1$
Ⅱ（亚健康）	$0.1 < L \leqslant 5$
Ⅲ（病害）	$5 < L \leqslant 10$
Ⅳ（病危）	$L > 10$

表 7-6　混凝土衬砌裂缝宽度评价标准

评价等级	衬砌裂缝宽度 b/mm
Ⅰ（基本健康）	$0 < b \leqslant 0.2$
Ⅱ（亚健康）	$0.2 < b \leqslant 3$
Ⅲ（病害）	$3 < b \leqslant 5$
Ⅳ（病危）	$b > 5$

对于衬砌裂缝深度的判定,可以了解衬砌裂缝的空间三维状态,不过目前还鲜有研究,我国 JTG H12—2015《公路隧道养护技术规范》中,也只是给出了衬砌裂缝深度的检测方法,未给出其判定结果。为了单独研究衬砌裂缝深度对结构承载力的影响,冯晓燕、李治国、张玉军等根据铁路隧道病害实例,利用平面有限元位移法和断裂力学分析了衬砌裂缝的深度对二次衬砌开裂后的隧道承载能力的影响。结合数值分析裂缝深度对混凝土衬砌承载性能的影响,利用衬砌裂缝深度与厚度的比值 K 的不同变化,研究不同深度情况下对隧道安全性的影响,并结合前人研究成果,单从裂缝深度单个指标出发,建立衬砌裂缝深度的四级评价标准,见表 7-7。

表 7-7　衬砌裂缝深度的评价标准

评价等级	衬砌裂缝深度/衬砌厚度 K
Ⅰ（基本健康）	$0 < K < 1/3$
Ⅱ（亚健康）	$1/3 \leqslant K < 1/2$

(续)

评价等级	衬砌裂缝深度/衬砌厚度 K
Ⅲ（病害）	$1/2 \leqslant K < 2/3$
Ⅳ（病危）	$2/3 \leqslant K < 1$

7.4.3 衬砌材质劣化

衬砌材质劣化主要以衬砌有效强度、有效厚度和砌缝掉落深度三个指标来评价。

在我国 JTG H12—2015《公路隧道养护技术规范》中，采用有效厚度与设计厚度之比作为衬砌劣化评价的一个方面。在铁道部 2010 年发布的《铁路桥隧建筑物修理规则》中，同样是采用衬砌的有效厚度与设计厚度的比值来评价隧道衬砌厚度的缺陷。在实际应用中，对于隧道的调查和检测一般得到的是隧道的实际厚度，见表 7-8。

表 7-8 衬砌强度和衬砌厚度等级评定

判定等级	混凝土衬砌强度不足	混凝土衬砌厚度不足
AA	因施工缺陷或腐蚀致使衬砌混凝土强度 $q_i/q < 0.65$，且纵向长度 $\geqslant 5m$	因施工缺陷或腐蚀致使衬砌厚度 $h_i/h < 0.6$，且纵向长度 $\geqslant 5m$
A1	衬砌混凝土强度 $q_i/q < 0.65$，且纵向长度 $< 5m$ 混凝土强度 $0.65 \leqslant q_i/q < 0.75$，且纵向长度 $\geqslant 5m$	衬砌厚度 $h_i/h < 0.60$，且纵向长度 $< 5m$ 衬砌有效厚度 $0.60 \leqslant h_i/h < 0.75$，且纵向长度 $\geqslant 5m$
B	混凝土强度 $0.65 \leqslant q_i/q < 0.75$，且纵向长度 $< 5m$ 混凝土强度 $0.75 \leqslant q_i/q < 0.85$，且纵向长度 $\geqslant 5m$	衬砌有效厚度 $0.60 \leqslant h_i/h < 0.75$，且纵向长度 $< 5m$ 衬砌有效厚度 $0.75 \leqslant h_i/h < 0.9$，且纵向长度 $\geqslant 5m$
C	衬砌混凝土强度 $0.75 \leqslant q_i/q < 0.85$，且纵向长度 $< 5m$ 混凝土强度 $0.85 \leqslant q_i/q < 1$	衬砌有效厚度 $0.75 \leqslant h_i/h < 0.9$，且纵向长度 $< 5m$ 衬砌有效厚度 $0.9 \leqslant h_i/h < 1$ 衬砌有剥蚀

因此本文以《铁路桥隧建筑物修理规则》评价标准为基础，借鉴公路隧道评价标准，以隧道衬砌实际厚度与设计厚度的比值作为定量指标，将衬砌厚度指标分为四级，见表 7-9。

表7-9 衬砌有效厚度的评价标准

评价等级	衬砌实际厚度/设计厚度 (h_i/h)
Ⅰ（基本健康）	$0.9 \leq h_i/h < 1$
Ⅱ（亚健康）	$0.75 \leq h_i/h < 0.9$
Ⅲ（病害）	$0.6 \leq h_i/h < 0.75$
Ⅳ（病危）	$0 < h_i/h < 0.6$

日本的《公路隧道维持管理便览》和我国的 JTG H12—2015《公路隧道养护技术规范》都给出了评价衬砌强度比较通用的定量标准，主要是以有效衬砌强度和设计衬砌强度的比值来评价，在2010年铁道部发布的《铁路桥隧建筑物修理规则》也同样以此标准为基础。因此，以《铁路桥隧建筑物修理规则》为基础，为了实际操作方便，采用实际衬砌强度与设计衬砌强度作为评价指标，将衬砌强度评价分为四级，见表7-10。

表7-10 衬砌有效强度的评价标准

评价等级	检测衬砌强度/设计衬砌强度 (q_i/q)
Ⅰ（基本健康）	$0.85 \leq q_i/q < 1$
Ⅱ（亚健康）	$0.75 \leq q_i/q < 0.85$
Ⅲ（病害）	$0.65 \leq q_i/q < 0.75$
Ⅳ（病危）	$0 < q_i/q < 0.65$

在 TB/T 2820.2—1997《铁路桥隧建筑物劣化评定标准—隧道》和《铁路桥隧建筑物修理规则》两部标准中对砂浆掉落深度有定量的评价，结合隧道检测资料以及现场检测数据分析，通过数值模拟分析不同砂浆掉落深度对隧道安全性的影响，利用砂浆掉落深度与衬砌厚度的相对比值，建立砂浆掉落深度四级评价标准，见表7-11。

表7-11 砌缝砂浆掉落深度的评价标准

评价等级	砂浆掉落深度/衬砌厚度比值 h
Ⅰ（基本健康）	$0 < h < 0.1$
Ⅱ（亚健康）	$0.1 \leq h < 0.2$
Ⅲ（病害）	$0.2 \leq h < 0.4$
Ⅳ（病危）	$0.4 \leq h < 1$

7.4.4 渗漏水病害

渗漏水主要以渗漏水状态和 pH 值两个指标来评价。

隧道渗漏水是加速衬砌材质劣化的原因之一，在我国的铁路隧道养护工作中，根据渗漏水程度将渗漏水定性地分为润湿、渗水、滴水、漏水、射水、涌水六级。在日本《铁道土木构造物等维持管理标准．同解说（隧道）》、日本《公路隧道维持管理便览》和我国 JTG H12—2015《公路隧道养护技术规范》中，根据漏水压力、流量等因素将隧道漏水状态定性的分为渗出、滴水、流出、喷出四级，并根据漏水程度和部位来评价渗漏水对隧道的影响，前面的六级漏水状态实际上是这四级漏水程度的细化。

以 TB/T 2820.2—1997《铁路桥隧建筑物劣化评定标准—隧道》为基础，结合现场检测数据，建立隧道渗漏水部位和状态的定性评价标准，见表 7-12。

表 7-12 隧道渗漏水部位和状态定性评价标准

评价等级	渗漏水部位及状态
Ⅰ（基本健康）	衬砌出现渗水现象，对隧道影响不大
Ⅱ（亚健康）	衬砌常年有湿润和漏水现象，雨季渗漏水量加大，导致隧道内排水不良现象
Ⅲ（病害）	从衬砌裂缝、施工缝等处滴水，拱部漏水成线，边墙部分大面积渗水，隧道内出现排水不良现象和隧底翻浆冒泥病害
Ⅳ（病危）	衬砌裂缝等处出现喷射水流，拱部漏水直接传至接触网，危及行车安全，排水不良和翻浆冒泥病害严重

在日本《铁道土木构造物等维持管理标准．同解说（隧道）》、日本《公路隧道维持管理便览》、我国 TB/T 2820.2—1997《铁路桥隧建筑物劣化评定标准—隧道》和我国 JTG H12—2015《公路隧道养护技术规范》中，都将渗漏水的 pH 值对隧道衬砌的腐蚀程度定量地分为四级，以我国铁路隧道评定标准为依据，建立运营隧道渗漏水 pH 值定量评价标准，见表 7-13。

表 7-13 渗漏水 pH 值定量评价标准

评价等级	pH 值	对混凝土的作用
Ⅰ（基本健康）	6.0~7.9	混凝土表面有轻微腐蚀现象
Ⅱ（亚健康）	5.0~6.0	混凝土表面容易变酥、起毛
Ⅲ（病害）	4.0~5.0	在短时间内混凝土表面凹凸不平
Ⅳ（病危）	<4.0	水泥被溶解，混凝土可能会出现崩解

7.4.5 衬砌背后脱空

衬砌背后脱空主要以背后脱空位置、横向尺寸和径向尺寸三个指标评价。

对于衬砌背后脱空的位置评价，日本《公路隧道维持管理便览》和我国 JTG H12—2015《公路隧道养护技术规范》都是从突发性崩塌的角度给出了衬砌背后空洞的定性评价标准,两个评价标准基本相同,只在表述上略有区别。刘海京利用数值分析软件,建立衬砌背后存在空洞的地层结构模型,主要分析了空洞位置、宽度等参数对隧道衬砌结构安全性的一般性规律,得到了拱顶和拱腰处存在的空洞对隧道的影响较大。因此,以我国 JTG H12—2015《公路隧道养护技术规范》为基础,结合现场隧道病害检测数据,建立衬砌背后脱空位置和状态的四级评价标准,见表 7-14。

表 7-14 衬砌背后脱空位置与状态的评价标准

评价等级	衬砌背后空洞位置与状态
Ⅰ(基本健康)	衬砌背后不存在空洞情况
Ⅱ(亚健康)	衬砌边墙存在空隙,并且在地下水作用下,空隙会扩大
Ⅲ(病害)	拱部背面存在较大空洞,围岩落石可能掉落至拱背
Ⅳ(病危)	衬砌拱部和拱腰背后存在较大空洞,且衬砌有效厚度很薄,上部围岩落石可能掉落至拱背

对于衬砌脱空横向尺寸,日本在编制《隧道维修管理手册》时,曾做了大量模型试验,通过衬砌背后空洞的试验得出,衬砌背后空洞的横向尺寸越大,最终承载力降低也比较明显。针对隧道衬砌背后空洞的横向尺寸数值分析也表明,空洞横向尺寸的增加会降低隧道衬砌承载力,对隧道的运营安全造成影响。根据数值模拟结果分析,建立衬砌背后脱空横向尺寸的四级评价标准,见表 7-15。

表 7-15 衬砌背后脱空横向尺寸的评价标准

评价等级	衬砌背后脱空横向尺寸/cm
Ⅰ(基本健康)	0~50
Ⅱ(亚健康)	50~100
Ⅲ(病害)	100~150
Ⅳ(病危)	>150

对于衬砌背后脱空径向尺寸,我国 JTG H12—2015《公路隧道养护技术规范》中指出:关于突发性坍塌,根据国外资料显示,当在隧道拱顶衬砌背后存在高度超过 30cm 以上的空洞,而且衬砌混凝土结构构件的有效厚度不足 30cm 时,背后围岩落石一旦掉落,衬砌结构可能砸坏的概率就大大增加。尤其是对于曾经发生过塌方的地方、漏水严重的地段或节理发育的地段,应引起相关工程技术人员的充分注意。关宝树在其专著《隧道工程维修管理要点集》中也给出了基于损伤度的定量指标。因此,依据我国 JTG H12—2015《公路隧道养护技术规范》和关宝树专著《隧道工程维修管理要点集》,建立衬砌背后脱空径向尺寸的四级评价标准,见表 7-16。

表 7-16　衬砌背后脱空径向尺寸的评价标准

评价等级	衬砌背后脱空径向尺寸/cm
Ⅰ（基本健康）	0~50
Ⅱ（亚健康）	50~100
Ⅲ（病害）	100~500
Ⅳ（病危）	>500

7.4.6　衬砌变形或移动

衬砌变形或移动主要以衬砌变形速率和变形量两个指标来评价。

日本铁路隧道以净空位移量测的变形速率作为衬砌变形的判断指标，将衬砌分为三级，日本《公路隧道维持管理便览》和我国 JTG H12—2015《公路隧道养护技术规范》的判定标准是基于隧道衬砌变形速率，将隧道病害分为四级，在我国 TB/T 2820.2—1997《铁路桥隧建筑物劣化评定标准—隧道》将变形标准划分为四个大的等级，又将 A 级划分为两个等级，一共分为五级，见表 7-17。从这几个规范或标准中，都是基于变形速率的大小来判定隧道变形的严重程度。

表 7-17　铁路隧道衬砌变形评定等级

等级		隧道状态
A	AA（极严重）	衬砌移动加速促进衬砌变形、移动、下沉发展迅速，威胁行车安全
	A1（严重）	变形或移动速度 $v>10$ mm/年
B（较重）		变形或移动速度 10mm/年 $\geq v \geq$ 3mm/年，而且有新的变形出现
C（中等）		有变形，但速度 $v<3$ mm/年
D（轻微）		有变形，但不发展，而且对使用无影响

以 TB/T 2820.2—1997《铁路桥隧建筑物劣化评定标准—隧道》为基础，借鉴我国公路隧道判定标准，结合病害检测数据，将衬砌变形或移动分为四级，建立铁路运营隧道衬砌变形或移动速率的评价标准，见表 7-18。

表 7-18　衬砌变形或移动速率的评价标准

评价等级	变形或移动速率 $v/$（mm/年）
Ⅰ（基本健康）	$0<v<1$
Ⅱ（亚健康）	$1\leq v<3$
Ⅲ（病害）	$3\leq v<10$
Ⅳ（病危）	$v>10$

在铁路隧道建筑限界内，为了列车的运行安全，限界内部不得有任何部件侵入，因此对于隧道轮廓变形量的评价，采用变形量与隧道内轮廓到建筑限界的距离（简称内限距）之比作为评价指标，以此建立衬砌变形或移动变形量的评价标准，见表7-19，表中 s 表示变形量与内限距之比。

表7-19 衬砌变形或移动变形量评价标准

评价等级	变形量与内限距之比 s
Ⅰ（基本健康）	$0 < s \leqslant 1/4$
Ⅱ（亚健康）	$1/4 < s \leqslant 1/2$
Ⅲ（病害）	$1/2 < s \leqslant 3/4$
Ⅳ（病危）	$3/4 < s \leqslant 1$

7.5 可变权重的计算方法

7.5.1 变权的基本理论及定义

设 $X = (x_1, x_2, \cdots, x_m)$ 为因素状态向量，$W = (w_1, w_2, \cdots, w_m)$ 为常权向量，$S(X) = (S_1(X), S_2(X), \cdots, S_m(X))$ 为状态变权向量，则 $W(X)$ 可表示为 W 和 $S(X)$ 的归一化的 Hardamard 乘积，即

$$W(X) = \frac{(w_1 S_1(X), \cdots, w_m S_m(X))}{\sum_{k=1}^{m} w_k S_k(X)} = \frac{w_j S_j(X)}{\sum_{k=1}^{m} w_k S_k(X)} \tag{7-1}$$

定义1：所谓一组变权 $W(X) = (w_1(x), \cdots, w_m(x))$，给定映射 $w_j : [0,1]^m \to [0,1]^m, (x_1, \cdots, x_m) | \to w_j(x_1, \cdots, x_m)$，如果满足下列条件：

1) 归一性：$\sum_{j=1}^{m} w_j(x_1, \cdots, x_m) = 1$。
2) 连续性：$w_j(x_1, \cdots, x_m)(j = 1, 2, \cdots, m)$ 关于每个变元都连续。
3) 惩罚性：$w_j(x_1, \cdots, x_m)(j = 1, 2, \cdots, m)$ 关于变元 x_j 单调下降。

称 $W(X) = (w_1(X), \cdots, w_m(X))$ 为惩罚型变权向量。

定义2：构建映射 $S : [0,1]^m \to [0,1]^m, X | \to S(X) = (S_1(X), \cdots, S_m(X))$，如果满足下列条件：

1) $S(x_1, \cdots, x_i, \cdots, x_j, \cdots, x_m) = S(x_1, \cdots, x_j, \cdots, x_i, \cdots, x_m)$。
2) $x_i \geqslant x_j \Rightarrow S_i(X) \leqslant S_j(X)$。
3) $S_j(X)(j = 1, 2, \cdots, m)$ 关于每个变元连续。

4) 对于任何常权向量 $W = (w_1, w_2, \cdots, w_m)$。

$$W(X) = \frac{w_j S_j(X)}{\sum_{k=1}^{m} w_k S_k(X)} \qquad (7\text{-}2)$$

满足定义1中的1)、2)、3)，则称 $S(X)$ 为惩罚型状态变权向量。

对于变权权重计算，通常包括两个步骤：一是常权权重的确定，二是选取合适的变权公式进行变权。首先确定指标层指标的常权向量；其次是对指标检测值进行无量纲化处理，计算指标的标准化值，消除因量纲的不同对变权的影响；最后利用相应的变权公式实现指标的变权。

7.5.2 指标常权权重的确定

在铁路隧道健康状态评价体系中，权重反映的是各评价指标之间的相对重要程度。在这些评价指标的两两比较中，一般不存在"强烈大"和"极端大"的情况，出现"明显大"的情况也不多，而比较多的情况是在"稍微大"附近变化。这是因为如果评价指标 A 比评价指标 B 的重要性"强烈大"或"极端大"时，那么在铁路隧道健康评价体系中，设置评价指标 B 的意义就极小，完全可以取消其设置。为此，采用比较灵活的乘积标度法来确定权重。

乘积标度法是以层次分析法为基础，是一种可以较为灵活地确定运营隧道健康状态评价指标权重的方法。乘积标度法的思路是，在以两两比较的方式确定评价指标的重要程度时，不设置过多的评判等级，只设置两个等级即评价指标 A 和指标 B 的重要程度"相同"或"稍微大"，然后以此作为基础进行递进乘积用来确定不同相对重要性的评价指标权重。

在对指标 A 和指标 B 进行两两比较时，对"相同"和"稍微大"一般有如下数量上的大体概念，即：认为"相同"是指允许指标 A 与指标 B 之间存在微小的差别（绝对的"相同"是不存在的），通常在做工程计算时允许误差为10%，因此可认为权重 $\omega_A : \omega_B \approx 1:(0.9 \sim 1.1)$，在乘积标度法中重要性"相同"的两个指标取其标准值 $\omega_A : \omega_B = 1:1$；认为"稍微大"是指指标 A 和指标 B 之间存在的差别不应大于1.5，即认为其权重之比 $\omega_A : \omega_B \approx (1.1 \sim 1.5):1$。

从表7-20所示的几种标度方法可以看出，指标重要程度"稍微大"的标度值分别为3，1.2857，1.5000，1.2765。除1~9标度法关于"稍微大"的标度值较大外，其余3种标度方法关于"稍微大"的标度值都比较接近，均在1.1~1.5之间。为此，乘积标度法中"稍微大"的标度值取为后3种标度法中"稍微大"的标度值的平均值，即 $\omega_A : \omega_B = \dfrac{1.2857 + 1.5000 + 1.2765}{3} : 1 = 1.3541 : 1$。

表 7-20　层次分析法的 4 种标度法

区分	1~9 标度法	9/9~9/1 标度法	10/10~18/2 标度法	指数标度法
相同	1	9/9(1.0000)	10/10(1.000)	9^0(1.0000)
稍微大	3	9/7(1.2857)	12/8(1.5000)	$9^{(1/9)}$(1.2765)
明显大	5	9/5(1.8000)	14/6(2.3333)	$9^{(3/9)}$(2.0801)
强烈大	7	9/3(3.0000)	16/4(4.0000)	$9^{(6/9)}$(4.3267)
极端大	9	9/1(9.0000)	18/2(9.0000)	$9^{(9/9)}$(9.0000)
通式	K	$9/(10-K)$	$(9+K)/(11-K)$	$9^{(K/9)}$
	$K=1\sim9$	$K=1\sim9$	$K=1\sim9$	$K=1\sim9$

根据乘积标度法中"相同"和"稍微大"的标度值以及乘积标度法的思路，确定铁路运营隧道健康评价指标权重的乘积标度法的基本步骤为：

1）根据经验或实测资料，对 n 个评价指标定性地进行重要性排序。

2）对评价指标进行两两对比，确定评价指标 A 与评价指标 B 之间的重要性差异属于"相同"或"稍微大"。

当评价指标 A 与评价指标 B 之间的重要性"相同"时，根据上面的分析所确定的权重，并对其进行归一化处理，则

$$(\omega_A, \omega_B) = \left(\frac{1}{1+1}, \frac{1}{1+1}\right) = (0.5, 0.5)$$

同样地，当评价指标 A 的重要性比评价指标 B 的重要性"稍微大"时，确定其权重为

$$(\omega_A, \omega_B) = \left(\frac{1.3541}{1+1.3541}, \frac{1}{1+1.3541}\right) = (0.5752, 0.4248)$$

3）当评价指标 A 与评价指标 B 之间的重要性用"稍微大"还不足以反映时，可以用多个"稍微大"来反映。如当认为指标 A 与指标 B 之间的重要程度差异比"稍微大"还要"稍微大"时，可取

$$\omega_A : \omega_B = (1.3541 \times 1.3541) : 1 = 1.8336 : 1$$

则此时指标 A 和指标 B 权重为

$$(\omega_A, \omega_B) = \left(\frac{1.8336}{1+1.8336}, \frac{1}{1+1.8336}\right) = (0.6471, 0.3529)$$

以此类推。

4）将同层 n 个评价指标两两比较的结果进行综合得到权重向量，并对得到的权重向量进行归一化处理，即 $\sum_{i=1}^{n} \omega_i = 1$。

7.5.3 指标变权权重的计算

铁路运营隧道健康评价指标体系中,每个评价指标表现的意义并不相同,其取值范围和计算方法也不一样,有些指标可以通过定量的方式进行计算,有些指标只能进行定性的描述。不同评价指标之间由于单位和计算方法存在差异,故不能直接进行比较。因此在对指标进行变权之前,需要对评价指标的检测值进行无量纲化处理,通常将指标值转化在 0~1 范围内进行评比,确定各个等级的评估范围值。

对于定量指标,通常根据隧道评价指标值对安全因素的影响的变化将其分为正指标和逆指标。

本文采用折线型对指标进行无量纲化处理。记 x_i 为某评估指标的原始指标值,u_i 为相应指标经过无量纲化后的标准值。

对于正指标,随着指标值的增大,隧道越安全,若 $a_1 > a_2 > a_3 > a_4 > a_5$,指标等级的分布,如图 7-4 所示。

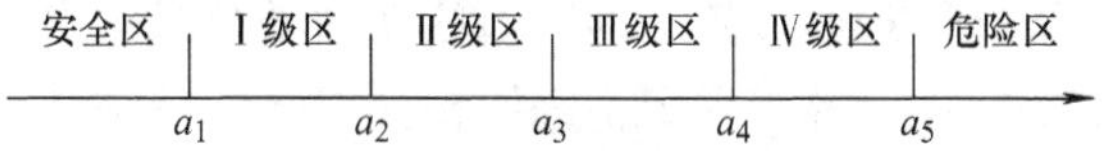

图 7-4 正指标等级分布示意图

结合隧道评估指标的评估标准和正指标等级分布图,利用式(7-3)对隧道指标检测值进行标准化处理。

$$\mu = \begin{cases} 1 & x \in (a_1, +\infty) \\ I_{12} - \dfrac{x - a_1}{a_2 - a_1}(I_{12} - I_{11}) & x \in (a_2, a_1] \\ I_{22} - \dfrac{x - a_2}{a_3 - a_2}(I_{22} - I_{21}) & x \in (a_3, a_2] \\ I_{32} - \dfrac{x - a_3}{a_4 - a_3}(I_{32} - I_{31}) & x \in (a_4, a_3] \\ I_{42} - \dfrac{x - a_4}{a_5 - a_4}(I_{42} - I_{41}) & x \in (a_5, a_4] \\ 0 & x \in (-\infty, a_5] \end{cases} \quad (7\text{-}3)$$

对于逆指标,随着指标值的增大,隧道越危险,若 $a_1 < a_2 < a_3 < a_4 < a_5$,指标等级的分布,如图 7-5 所示。

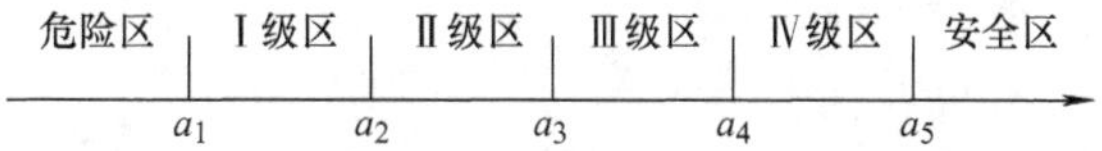

图 7-5 逆指标等级分布示意图

结合隧道评估指标的评估标准和逆指标等级分布图，利用式（7-4）对隧道指标检测值进行标准化处理。

$$\mu = \begin{cases} 0 & x \in (-\infty, a_1] \\ I_{12} - \dfrac{x - a_1}{a_2 - a_1}(I_{12} - I_{11}) & x \in (a_1, a_2] \\ I_{22} - \dfrac{x - a_2}{a_3 - a_2}(I_{22} - I_{21}) & x \in (a_2, a_3] \\ I_{32} - \dfrac{x - a_3}{a_4 - a_3}(I_{32} - I_{31}) & x \in (a_3, a_4] \\ I_{42} - \dfrac{x - a_4}{a_5 - a_4}(I_{42} - I_{41}) & x \in (a_4, a_5] \\ 1 & x \in (a_5, +\infty) \end{cases} \quad (7\text{-}4)$$

对于定性指标，在实际应用中，主要通过具体的描述对其进行评判，这与定量指标不同，定性指标很难通过精确的数值或者数学公式来表示，因此通过模糊的描述语言对定性指标进行等级界定，进而根据等级的评估结果确定指标的无量纲标准值。一般以评估等级范围的中间值来对定性指标进行标准化处理。定性指标量化标准（无量纲化划分标准值）见表7-21。

表7-21 无量纲化划分标准值

级　　别	无量纲分级标准值
Ⅰ（安全）	0.875
Ⅱ（较安全）	0.625
Ⅲ（危险）	0.375
Ⅳ（极危险）	0.125

在得到评价指标无量纲值后，需要确定合适的公式对指标权重进行计算，记隧道运营安全评估指标 X_i，对指标进行标准化处理值 u_i，通过常权确定指标的权重为 ω_i^0，在实际工程应用中，通常采用改进型变权公式

$$\omega_i(x_1, x_2, \cdots, x_n) = \dfrac{\omega_i^0 x_i^{\alpha-1}}{\sum\limits_{i=1}^{n} \omega_i^0 x_i^{\alpha-1}} \quad 0 < \alpha \leqslant 1 \quad (7\text{-}5)$$

式中　ω_i——指标 i 变权权重；
　　　ω_i^0——指标 i 常权权重；
　　　x_i——指标 i 标准化值；
　　　α——变权均衡系数，通常取 0.5。

7.6 可变模糊集理论确定指标的隶属函数

7.6.1 基本概念

1. 对立模糊集

定义1：设一论域 U，论域上存在事物和现象的对立模糊概念，其中 $\underset{\approx}{A}$ 代表吸引性质，$\underset{\approx}{A}^c$ 代表排斥性质，对于任意一个元素 u，$u \in U$ 在参考连续统区间 $[0,1]$（对 $\underset{\approx}{A}$）与 $[0,1]$（对 $\underset{\approx}{A}^c$）的任一点上，吸引与排斥的相对隶属函数分别为 $\mu_{\underset{\approx}{A}}(u)$、$\mu_{\underset{\approx}{A}^c}(u)$，且 $\mu_{\underset{\approx}{A}}(u) + \mu_{\underset{\approx}{A}^c}(u) = 1$，令

$$\underset{\approx}{A} = \{u, \mu_{\underset{\approx}{A}}(u) 、 \mu_{\underset{\approx}{A}^c}(u) \mid u \in U\} \tag{7-6}$$

满足

$$\mu_{\underset{\approx}{A}}(u) + \mu_{\underset{\approx}{A}^c}(u) = 1 \quad (0 \leq \mu_{\underset{\approx}{A}}(u) \leq 1, 0 \leq \mu_{\underset{\approx}{A}^c}(u) \leq 1) \tag{7-7}$$

$\underset{\approx}{A}$ 称为 U 的对立模糊集。左极点 P_1：$\mu_{\underset{\approx}{A}}(u) = 1$，$\mu_{\underset{\approx}{A}^c}(u) = 0$；右极点 P_r：$\mu_{\underset{\approx}{A}}(u) = 0$，$\mu_{\underset{\approx}{A}^c}(u) = 1$，如图7-6所示。$M$ 为参考连续统区间 $[0,1]$（对 $\mu_{\underset{\approx}{A}}(u)$）与 $[0,1]$（对 $\mu_{\underset{\approx}{A}^c}(u)$）的渐变质变点，即 $\mu_{\underset{\approx}{A}}(u) = \mu_{\underset{\approx}{A}^c}(u) = 0.5$。

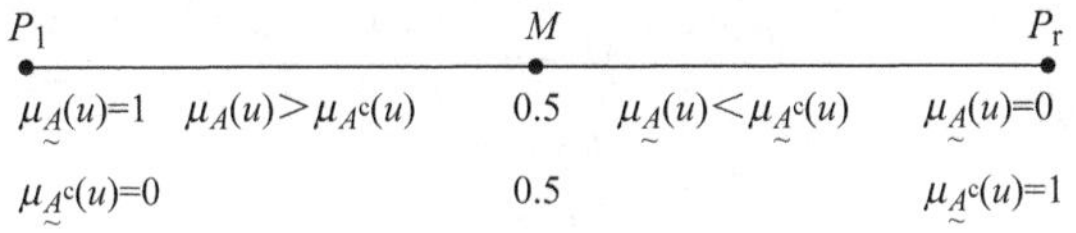

图7-6 对立模糊集 $\underset{\approx}{A}$ 示意图

2. 相对差异函数

定义2：设一论域 U，论域上存在事物和现象的对立模糊概念，对于任意一个元素 u，$u \in U$，在相对隶属函数的连续统数轴任一点上，u 对 $\underset{\approx}{A}$ 的相对隶属度为 $\mu_{\underset{\approx}{A}}(u)$，对其对立模糊概念 $\underset{\approx}{A}^c$ 的相对隶属度为 $\mu_{\underset{\approx}{A}^c}(u)$，设

$$D_{\underset{\approx}{A}}(u) = \mu_{\underset{\approx}{A}}(u) - \mu_{\underset{\approx}{A}^c}(u) \tag{7-8}$$

则 $D_{\underset{\approx}{A}}(u)$ 称为 u 对 $\underset{\approx}{A}$ 的相对差异度。

映射

$$\begin{cases} D_{\underset{\approx}{A}} : D \to [-1,1] \\ u \mid \to D_{\underset{\approx}{A}}(u) \subset [-1,1] \end{cases} \tag{7-9}$$

式（7-9）称为 u 对 $\underset{\approx}{A}$ 的相对差异函数。

当 $\mu_{\underset{\approx}{A}}(u) > \mu_{\underset{\approx}{A}^c}(u)$，$0 < D_{\underset{\approx}{A}}(u) < 1$；当 $\mu_{\underset{\approx}{A}}(u) = \mu_{\underset{\approx}{A}^c}(u)$，$D_{\underset{\approx}{A}}(u) = 0$；当

$\mu_{\underline{A}}(u) < \mu_{\underline{A}^c}(u)$,$-1 < D_{\underline{A}}(u) < 0$,如图 7-7 所示。

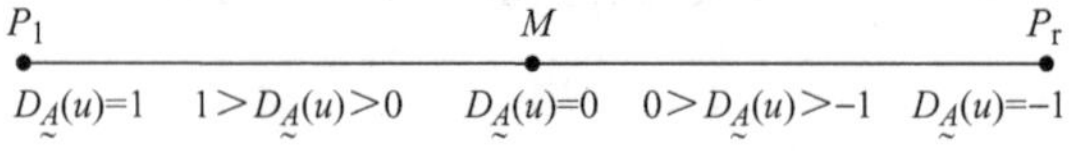

```
P_l ─────────────── M ─────────────── P_r
D_A(u)=1  1>D_A(u)>0  D_A(u)=0  0>D_A(u)>-1  D_A(u)=-1
```

图 7-7 相对差异函数示意图

7.6.2 相对隶属函数模型

设 $X_0 = [a, b]$ 为实轴上模糊可变集合 $\underline{V}$ 的吸引域,及 $0 < D_{\underline{A}}(u) < 1$ 区间, $X = [c, d]$ 为包含 $X_0 (X_0 \subset X)$ 的某一上、下界范围域区间,如图 7-8 所示。

```
────c────x──a──M──b────────d────
```

图 7-8 点 x、M 与区间 X_0、X 的位置关系

根据模糊可变集合 $\underline{V}$ 定义可知,区间 $[c, a]$ 和 $[b, d]$ 均为 $\underline{V}$ 的排斥域,即 $-1 < D_{\underline{A}}(u) < 0$ 区间。设 M 为吸引域区间 $[a, b]$ 中 $D_{\underline{A}}(u) = 1$ 的点值,利用相对隶属函数公式,根据实际情况可以确定 M 点。其中 x 为区间 $[c, d]$ 内任意点的量值,则当 x 落入 M 点左侧时相对差异函数模型为

$$\begin{cases} D_{\underline{A}}(u) = \left(\dfrac{x-a}{M-a}\right)^{\beta} ; x \in [a, M] \\ D_{\underline{A}}(u) = -\left(\dfrac{x-a}{c-a}\right)^{\beta} ; x \in [c, a] \end{cases} \quad (7\text{-}10)$$

当 x 落入 M 点右侧时相对差异函数模型为

$$\begin{cases} D_{\underline{A}}(u) = \left(\dfrac{x-b}{M-b}\right)^{\beta} ; x \in [M, b] \\ D_{\underline{A}}(u) = -\left(\dfrac{x-b}{d-b}\right)^{\beta} ; x \in [b, d] \end{cases} \quad (7\text{-}11)$$

式(7-10)和式(7-11)中 β 为非负实数,通常可取 $\beta = 1$,及相对差异函数模型为线性函数,两式符合相对差异函数的定义,因其满足:

1)当 $x = a$、$x = b$ 时,$D_{\underline{A}}(u) = 0$。
2)当 $x = M$ 时,$D_{\underline{A}}(u) = 1$。
3)当 $x = c$、$x = d$ 时,$D_{\underline{A}}(u) = -1$。

符合相对差异函数的定义,因其 $D_{\underline{A}}(u)$ 确定以后,相对隶属度 $\mu_{\underline{A}}(u)$ 可通过下式求得

$$\mu_{\underline{A}}(u) = \dfrac{1 + D_{\underline{A}}(u)}{2} \quad (7\text{-}12)$$

显然,有

$$\mu_{\underline{A}}(u) = 0, x \notin [c,d] \tag{7-13}$$

7.6.3 可变模糊识别模型

在对模糊定义的概念下,可变模糊识别模型公式

$$\mu_{\underline{A}}(u)_j = \cfrac{1}{1 + \left\{\cfrac{\sum\limits_{i=1}^{m}[\omega_i(1-\mu_{\underline{A}}(u)_{ij})]^p}{\sum\limits_{i=1}^{m}[\omega_i\mu_{\underline{A}}(u)_{ij}]^p}\right\}^{\frac{\alpha}{p}}} \tag{7-14}$$

式中 $\mu_{\underline{A}}(u)_j$ ——指标对 j 级的相对隶属度;

ω_i ——指标 i 的相对变权权重;

α ——模型优化准则参数,通常取 1 或者 2,$\alpha=1$ 时为最小一乘方准则,$\alpha=2$ 时为最小二乘方准则;

p ——距离参数,通常取 1 或者 2,$p=1$ 时为海明距离,$p=2$ 时为欧式距离。

根据 α 和 p 取值的不同,可以确定不同的模糊评估计算模型,见表 7-22。

表 7-22 可变模糊评估计算模型

模型类型	$\alpha=1$、$p=1$	$\alpha=1$、$p=2$	$\alpha=2$、$p=1$	$\alpha=2$、$p=2$
模型说明	描述为模糊综合评判线性模型,适用于隧道运营初期评估	描述为 TOPSIS 理想点模型,属于非线性模型,适用于隧道运营中期评估(偏初期)	描述为 Sigmoid 模型,属于非线性模型,适用于隧道运营中期评估(偏后期)	描述为多目标模糊优化模型,属于强非线性模型,适用于隧道运营后期评估

根据不同的计算模型对隧道不同运营时期进行评估,通常情况下,模型中 α、p 有以下四种组合:

1) 当 $\alpha=1$,$p=1$ 时,式 (7-14) 变为模糊综合评判线性模型

$$\mu_{\underline{A}}(u)_j = \sum_{i=1}^{m}\omega_i\mu_{\underline{A}}(u)_{ij} \tag{7-15}$$

2) 当 $\alpha=1$,$p=2$ 时,式 (7-14) 变为 TOPSIS 理想点模型

$$\mu_{\underline{A}}(u)_j = \cfrac{1}{1 + \sqrt{\cfrac{\sum\limits_{i=1}^{m}[\omega_i(1-\mu_{\underline{A}}(u)_{ij})]^2}{\sum\limits_{i=1}^{m}[\omega_i\mu_{\underline{A}}(u)_{ij}]^2}}} \tag{7-16}$$

3）当 $\alpha = 2$，$p = 1$ 时，式（7-14）变为 Sigmoid 模型，描述神经网络系统中神经元的激励函数模型

$$\mu_{\underset{\sim}{A}}(u)_j = \frac{1}{1 + \left[\dfrac{1 - \sum\limits_{i=1}^{m} \omega_i \mu_{\underset{\sim}{A}}(u)_{ij}}{\sum\limits_{i=1}^{m} \omega_i \mu_{\underset{\sim}{A}}(u)_{ij}}\right]^2} \qquad (7\text{-}17)$$

4）当 $\alpha = 2$，$p = 2$ 时，式（7-14）变为多目标模糊优化模型

$$\mu_{\underset{\sim}{A}}(u)_j = \frac{1}{1 + \dfrac{\sum\limits_{i=1}^{m} [\omega_i(1 - \mu_{\underset{\sim}{A}}(u)_{ij})]^2}{\sum\limits_{i=1}^{m} [\omega_i \mu_{\underset{\sim}{A}}(u)_{ij}]^2}} \qquad (7\text{-}18)$$

7.7　综合模糊评价等级的判定

模糊综合评价的结果被认为是被评价对象对各评价等级的隶属度，其结果是一个模糊向量，不能明确地说其属于评价结果的等级。而在实际的评价结果分析中，需要一个确定的评价值，以便对隧道的健康状态进行评价，这就需要以适当的方式对评价结果进行单值化，通过文献调研，总结最常用的有两种方法：

1. 最大隶属度原则

设模糊综合评价结果向量 $U = (u_1, u_2, \cdots, u_n)$，若 $u_r = \max\limits_{1 \leqslant j \leqslant n}(b_j)$，则被评价的对象总体上来看属于第 r 等级，这就是最大隶属度原则。这种方法是在实际应用中最简便、最常用的方法，但是这种方法在许多情况下使用会显得很勉强，并不能充分利用模糊综合评价结果的信息，损失一些有用的信息，从而得出不合理的评价结果，因此在应用最大隶属度原则时应考虑其适用性。

2. 加权平均原则

将各评价等级赋以具体分值，然后用模糊综合评价结果向量中对应的隶属度分别加权平均以得到一个点值。设给 n 个等级依次赋以分值 c_1，c_2，…，c_n，等级由好到坏排序，即 $c_1 > c_2 > \cdots > c_n$，并且各分值间距相等，则模糊向量可以根据加权平均原则将模糊向量进行单值化为

$$F = \frac{\sum\limits_{j=1}^{n} z_j c_j}{\sum\limits_{j=1}^{n} z_j} \qquad (7\text{-}19)$$

根据自身确定的 n 个等级范围，通过公式计算 F 值评定被评价对象的隶属级别，这样加权平均对评价结果进行等级评判，避免了单独依靠隶属度的大小确定评价结果，但是有时也会过于兼顾整体性能而忽略隶属度的大小指标。

因此，为了能够更科学、准确地对综合评价结果进行判定，建立科学有效的运营隧道健康评价等级，对避免损失有用信息和忽略最大隶属度的影响，结合前人研究成果，在不改变加权定义方法的前提下改进加权平均方法，将公式表示为

$$F = \frac{\sum_{j=1}^{n} z_j^k c_j}{\sum_{j=1}^{n} z_j^k} \tag{7-20}$$

式中 k——待定系数（$k=1$ 或 $k=2$），目的是控制较大 z_j 所起的作用。同时可以证明，当 $k \to \infty$ 时，加权平均原则就是最大隶属度原则。

根据表 7-4 给定的健康值范围，将每个健康等级的健康值范围单值化，取其范围的中间值作为代表值，即分别给评语集 Ⅰ、Ⅱ、Ⅲ、Ⅳ 赋以分值 4、3、2、1，则对于运营隧道的健康评价结果的计算，即

$$H = 4z_1 + 3z_2 + 2z_3 + z_4 \tag{7-21}$$

根据级别特征值，建立如下判别式

$$\begin{cases} 4 \leqslant H \leqslant 5，属于 Ⅰ 级 \\ j - 0.5 \leqslant H \leqslant j，属于 j 级，偏 (j+1) 级 \\ j \leqslant H \leqslant j + 0.5，属于 j 级，偏 (j-1) 级 \\ n - 0.5 \leqslant H \leqslant n，属于 n 级 \end{cases} \tag{7-22}$$

式中 $j = 1, 2, \cdots, n$。

综上所述，根据此判定结果值，可对运营隧道的健康状态进行判定。

第8章 铁路运营隧道健康状态的评价

8.1 引言

铁路运营隧道在服役过程中，病害会随着时间的变化而变化，对隧道安全性的影响程度也会逐渐加重，要保证隧道的安全运营，就需要及时发现隧道的危险状况并做出处理，合理地对运营隧道进行健康状态的评价可以掌握隧道病害变化并及时对危险状态进行处理。结合西南地区某铁路局辖区内隧道的病害特点，应用隧道健康模糊动态评价模型，确定健康评价体系下指标的权重和隶属向量，进而对典型隧道的健康状态进行评价。

8.2 隧道评价指标常权权重的确定

铁路运营隧道健康评价体系是一个多项目、多层次的复杂系统，而每层评价指标在铁路隧道健康状态综合评价体系中的地位、作用不同，从而使得它们对整个公路隧道健康状态诊断结果的贡献不同。因此，利用乘积标度法，分别确定同一层次中各指标在铁路隧道健康状态评价指标体系中相对于上层评价指标的"相对重要程度"，即权重，然后将各元素的权重与其评价结果综合考虑，才能得出其上层指标合理的评价结果，如此逐步综合直至得隧道健康评价的结果。

8.2.1 指标层指标常权权重的确定

对于指标层指标的权重，采用乘积标度法确定。

1. 衬砌开裂或错动

衬砌开裂或错动采用衬砌裂缝的长度、宽度和深度作为指标。

衬砌裂缝的"长度"和"宽度"是衬砌裂缝最直观、最有效的反映，是目前分析衬砌裂缝时最常用的指标。对于衬砌裂缝"长度"和"宽度"的量测比较方便，对衬砌裂缝"长度"和"宽度"的分析和评价也进行了许多研究。因此，认为在衬砌裂缝的三个指标中，衬砌裂缝的"长度"和"宽度"的重要性最大，且衬砌裂缝的"长度"和"宽度"的重要性"相同"，即

$$\omega_{LC}:\omega_{LK} = 1:1$$

衬砌裂缝的"深度"是衬砌裂缝三维空间的反映。对于衬砌裂缝的"深度"，一般通过超声波无损检测的方法来检测。但采用超声波无损检测方法检测衬砌裂缝深度的方法还不成熟，检测结果会受到一些条件的影响，所以，对衬砌裂缝"深度"的测定还不是很成熟。而且对衬砌裂缝"深度"的评价还需要进一步深入研究，因此，从指标的可操作性和准确性的角度，认为衬砌裂缝的"深度"在对衬砌裂缝的性态反映方面不如衬砌裂缝的"长度"和"宽度"重要，故认为混凝土衬砌裂缝的"长度"和"宽度"的重要性比"深度"的重要性"稍微大"，即

$$\omega_{LC}:\omega_{LK}:\omega_{LS} = 1.3541:1.3541:1$$

则混凝土衬砌裂缝的三个指标的标度权重为

$$\omega_L = (\omega_{LC} \quad \omega_{LK} \quad \omega_{LS}) = (0.3652 \quad 0.3652 \quad 0.2696)$$

2. 混凝土衬砌材质劣化

混凝土衬砌材质劣化采用衬砌有效强度和衬砌有效厚度作为指标。

"衬砌有效强度"和"衬砌有效厚度"这两个指标都可以直观、有效地反映衬砌材质的劣化程度，但是对于衬砌材质劣化，衬砌强度变化更加明显一些，目前对衬砌强度和衬砌厚度分析方法的研究也比较充分。因此，认为衬砌材质劣化的"衬砌有效强度"的重要程度比"衬砌有效厚度"的重要程度"稍微大"，即

$$\omega_{CQ}:\omega_{CH} = 1.3541:1$$

则衬砌材质劣化的两个指标的标度权重为

$$\omega_C = (\omega_{CQ}:\omega_{CH}) = (0.5752:0.4248)$$

3. 砌石衬砌材质劣化

砌石衬砌材质劣化采用衬砌有效强度、有效厚度和砌缝砂浆掉落作为指标。

"衬砌有效强度"和"衬砌有效厚度"这两个指标都可以直观、有效地反映衬砌材质的劣化程度，但是砌石衬砌主要有砌块和砂浆砌筑组成，砌石衬砌强度和厚度主要受到砌块的影响，砌缝的砂浆掉落深度影响砌石衬砌的整体性。因此，认为"衬砌有效强度"的重要程度与"衬砌有效厚度"的重要程度"相同"，"砂浆掉落深度"的重要程度比"衬砌有效强度"的重要程度"稍微大"，即

$$\omega_{QQ}:\omega_{QH}:\omega_{QS} = 1:1:1.3541$$

则砌石衬砌材质劣化的三个指标的标度权重为

$$\omega_Q = (\omega_{QQ} \quad \omega_{QH} \quad \omega_{QS}) = (0.2981 \quad 0.2981 \quad 0.4037)$$

4. 渗漏水

渗漏水病害采用漏水状态和 pH 值作为指标。

"漏水状态"是渗漏水病害的直观、有效的反映,在隧道的检测中比较方便量测。渗漏水的严重与否直接影响着隧道内行车的安全性,渗漏水"pH 值"的大小主要影响隧道衬砌混凝土的腐蚀程度,但其对混凝土强度的影响是一个漫长的时间过程。从对铁路运营隧道的影响程度考虑,认为"漏水状态"的重要程度比"pH 值"的重要程度"稍微大",即

$$\omega_{SL}:\omega_{SP} = 1.3541:1$$

则渗漏水的两个指标的标度权重为

$$\omega_S = (\omega_{SL} \quad \omega_{SP}) = (0.5752 \quad 0.4248)$$

5. 衬砌背后脱空

衬砌背后脱空采用空洞位置、空洞横向尺寸和空洞径向尺寸作为评价指标。

衬砌背后空洞的位置、横向尺寸和径向尺寸可以通过地质雷达检测得到,三个指标都可以反映空洞对于衬砌安全性的影响,经过数值分析研究,对隧道安全性影响严重的是空洞位置和横向尺寸两个指标,径向尺寸的影响程度相对较小。因此认为衬砌背后脱空的"位置"和"横向尺寸"的重要程度相同,相对于"径向尺寸"的重要程度"稍微大"还要"稍微大",即

$$\omega_{KW}:\omega_{KK}:\omega_{KS} = 1.3541:1:1.8336$$

则衬砌背后空洞的三个指标的标度权重为

$$\omega_K = (\omega_{KW} \quad \omega_{KK} \quad \omega_{KS}) = (0.3234 \quad 0.2388 \quad 0.4379)$$

6. 衬砌变形或移动

衬砌变形或移动采用衬砌变形或移动的变形速率和变形量作为指标。

衬砌变形或移动直接影响着隧道的限界,导致限界不足,变形量可以比较直接地反映其严重性,而对于变形速率,获取其资料要受到时间的限制。因此,从操作的可行性及资料获取的准确性来考虑,认为"变形量"的重要程度比"变形速度"的重要程度要"稍微大",即

$$\omega_{BL}:\omega_{BS} = 1.3541:1$$

则衬砌变形或移动的两个指标的标度权重为

$$\omega_B = (\omega_{BL} \quad \omega_{BS}) = (0.5752 \quad 0.4248)$$

8.2.2 准则层指标常权权重的确定

铁路运营隧道处于复杂的围岩地质体中,在运营过程中受到隧道周围各种环境因素的影响,如岩体的松动压力、地下水发育情况、衬砌温度和收缩应力变形、隧道衬砌不均匀受力状态等,导致隧道衬砌产生各种不同形式的表观和深层次的劣化与变异,如衬砌变形或移动、衬砌材质劣化、砌缝腐蚀、混凝土

衬砌开裂、渗漏水和衬砌背后脱空等，这些病害会不同程度地影响隧道整体的承载性能。根据建立的隧道衬砌健康评价体系，结合病害实际调查和检测资料数据，针对不同的衬砌类型，采用乘积标度法两两比较的方式确定准则层指标的权重。

1. 混凝土衬砌隧道准则层指标的权重

对于混凝土衬砌隧道，根据之前确定的评价指标体系，确定衬砌开裂或错动、渗漏水等准则层指标的权重。

（1）衬砌变形或移动与衬砌材质劣化　衬砌变形或移动直接改变衬砌的受力状态，对衬砌承载性能有严重的影响，如果变形严重，还会导致运营隧道的限界不足，严重影响列车运行的安全，衬砌材质劣化会降低衬砌的整体承载性能，因此，认为"衬砌变形或移动"的重要程度要比"衬砌材质劣化"的重要程度"稍微大"，则有

$$\omega_B : \omega_C = 1.3541 : 1$$

（2）衬砌材质劣化与混凝土衬砌开裂　衬砌材质劣化主要研究的是隧道衬砌的强度和厚度对隧道承载性能的影响，混凝土衬砌的开裂主要破坏隧道的整体性能，从而降低衬砌整体的承载性能，在对病害的调查过程中，衬砌开裂和衬砌劣化所表现的强度和厚度变化都可以主观有效地反映隧道的健康状态，因此，认为"混凝土衬砌开裂"的重要程度与"衬砌材质劣化"的重要程度"相同"，则有

$$\omega_L : \omega_C = 1 : 1$$

（3）混凝土衬砌开裂与渗漏水　运营隧道衬砌的裂缝可以直观地表示隧道衬砌承载性能，并且裂缝的出现还会加重渗漏水的危害，渗漏水的测量虽然比较直观和简便，但相比于裂缝而言，对隧道衬砌的承载性能的影响相对较小。因此，认为"混凝土衬砌开裂"的重要性比"渗漏水"的重要性"稍微大"还要"稍微大"，则有

$$\omega_L : \omega_S = 1.8336 : 1$$

（4）渗漏水与衬砌背后脱空　运营隧道衬砌渗漏水对于衬砌承载能力的影响是多方面的，渗漏水的存在会加速衬砌材质的劣化，渗漏水还会加重衬砌背后脱空，当隧道衬砌背后存在空洞时，会促进围岩的松弛，使衬砌产生弯曲应力，改变衬砌受力状态，影响衬砌承载性能安全。另外，从现场病害检测结果来看，渗漏水更能主观有效地反映对衬砌的影响程度，因此，认为"渗漏水"的重要程度比"衬砌背后脱空"的重要程度"稍微大"，则有

$$\omega_S : \omega_K = 1.3541 : 1$$

综上所述，采用乘积标度法对混凝土衬砌准则层指标（衬砌变形或移动、衬砌材质劣化、混凝土衬砌开裂、渗漏水和衬砌背后脱空）经过两两比较之后

构建的判断矩阵见表8-1。

表8-1 混凝土衬砌准则层判断矩阵

对比因素	衬砌变形或移动	衬砌材质劣化	混凝土衬砌开裂	渗漏水	衬砌背后脱空	w
衬砌变形或移动	1.0000	1.3541	1.3541	2.4829	3.3621	0.3147
衬砌材质劣化	0.7385	1.0000	1.0000	1.8336	2.4829	0.2324
混凝土衬砌开裂	0.7385	1.0000	1.0000	1.8336	2.4829	0.2324
渗漏水	0.4028	0.5454	0.5454	1.0000	1.3541	0.1268
衬砌背后脱空	0.2974	0.4028	0.4028	0.7385	1.0000	0.0936
求和	3.1772	4.3022	4.3022	7.8886	10.682	

求解过程如下：

1）求出两两比较矩阵的每一列的和。

2）根据层次分析法对权重进行归一化处理，得到各准则层指标权重 ω_H = (0.3147　0.2324　0.2324　0.1268　0.0936)，见表8-1。

3）计算判断矩阵的最大特征值 λ_{max}。

$$A_H \omega_H^T = \begin{bmatrix} 1.0000 & 1.3541 & 1.3541 & 2.4829 & 3.3621 \\ 0.7385 & 1.0000 & 1.0000 & 1.8336 & 2.4829 \\ 0.7385 & 1.0000 & 1.0000 & 1.8336 & 2.4829 \\ 0.4028 & 0.5454 & 0.5454 & 1.0000 & 1.3541 \\ 0.2974 & 0.4028 & 0.4028 & 0.7385 & 1.0000 \end{bmatrix} \begin{bmatrix} 0.3147 \\ 0.2324 \\ 0.2324 \\ 0.1268 \\ 0.0936 \end{bmatrix}$$

$$= \begin{bmatrix} 1.5736 & 1.1621 & 1.1621 & 0.6338 & 0.4681 \end{bmatrix}^T$$

$$\lambda_{max} = \sum_{i=1}^{n} \frac{(AW)_i}{nW_i} = 5.000065$$

4）检验矩阵的一致性。计算出各个指标权重后，对各权重的分配是否合理，就需要对判断矩阵进行一致性检验。

计算一致性指标 CI

$$CI = \frac{(\lambda_{max} - n)}{n-1} = 0.000016$$

计算随机一致性比例系数 CR

$$CR = \frac{CI}{RI} = 0.000016 \div 1.12 = 0.0000145 < 0.1$$

RI 为判断矩阵的平均随机一致性指标，对于1~10阶随机判断矩阵重复计算，RI 值可由表8-2查得。

表8-2 平均一致性随机指标 *RI*

矩阵阶数	1	2	3	4	5	6	7	8	9	10
RI	0	0	0.52	0.89	1.12	1.26	1.36	1.41	1.46	1.49

因此，可以认为所构造得两两比较矩阵满足一致性要求，其相应的权重向量有效。

基于层次分析法原理，根据乘积标度法计算方法，计算出针对混凝土衬砌准则层指标（衬砌变形和移动、衬砌材质劣化、混凝土衬砌开裂、渗漏水、衬砌背后脱空）的权重为

$$\omega_H = (0.3147 \quad 0.2324 \quad 0.2324 \quad 0.1268 \quad 0.0936)$$

2. 混凝土衬砌隧道准则层指标的权重

对于砌石衬砌，同样与混凝土衬砌的评价一样，采用乘积标度法对两两指标进行比较。结合砌石健康评价体系，对衬砌变形或移动、衬砌材质劣化、砌缝砂浆掉落、渗漏水和衬砌背后脱空进行两两比较。

（1）衬砌开裂与衬砌材质劣化 衬砌材质劣化是由于劣化作用产生的病害，衬砌开裂一般是由受力不均引起的，衬砌材质劣化主要体现的是隧道衬砌整体的有效厚度与有效强度以及砌块之间连接的影响，从现场病害检查来看，衬砌材质劣化对衬砌整体性影响较大。因此，认为"衬砌材质劣化"的重要程度对"衬砌开裂"的重要程度"稍微大"，则有

$$\omega_Q : \omega_L = 1.3541 : 1$$

（2）衬砌材质劣化与渗漏水 砌石衬砌结构是由各个砌块通过砌缝之间的砂浆连接成整体，砌缝砂浆掉落对隧道整体性的影响严重，砌缝的砂浆掉落还会增加渗漏水的通道，加重渗漏水对隧道的影响，反之，渗漏水的增加同样会促进砌缝的劣化，降低其黏结性，因此，认为"衬砌材质劣化"的重要程度和"渗漏水"的重要程度"相同"，则有

$$\omega_Q : \omega_S = 1 : 1$$

（3）渗漏水与衬砌背后脱空 运营隧道衬砌渗漏水对于衬砌承载能力的影响是多方面的，渗漏水的存在会加速衬砌材质的劣化，渗漏水还会加重衬砌背后脱空，当隧道衬砌背后存在空洞时，会促进围岩的松弛，使衬砌产生弯曲应力，改变衬砌受力状态，影响衬砌承载性能安全。另外，从现场病害检测来看，渗漏水的更能主观有效地反映其对衬砌的影响程度，因此，认为"渗漏水"的重要程度比"衬砌背后脱空"的重要程度"稍微大"，则有

$$\omega_S : \omega_K = 1.3541 : 1$$

（4）衬砌变形或移动与衬砌背后脱空 衬砌变形或移动直接改变衬砌的受力状态，对衬砌承载性能有严重的影响，如果变形严重，还会导致运营隧道的限界不足，严重影响列车运行的安全，衬砌背后脱空会改变衬砌的整体承载性能，

因此，认为"衬砌变形或移动"的重要程度要比"衬砌背后脱空"的重要程度"稍微大"，则有

$$\omega_B : \omega_K = 1.3541 : 1$$

通过以上分析，采用乘积标度法对砌石衬砌评价体系准则层指标（衬砌材质劣化、渗漏水、衬砌开裂或错动、衬砌变形或移动和衬砌背后脱空）两两比较构建的判断矩阵见表8-3。

表8-3 砌石衬砌准则层判断矩阵

对比因素	衬砌材质劣化	渗漏水	衬砌开裂或错动	衬砌背后脱空	衬砌变形或移动	w
衬砌材质劣化	1.0000	1.0000	1.3541	1.3541	1.8336	0.2486
渗漏水	1.0000	1.0000	1.3541	1.3541	1.8336	0.2486
衬砌开裂或错动	0.7385	0.7385	1.0000	1.0000	1.3541	0.1836
衬砌背后脱空	0.7385	0.7385	1.0000	1.0000	1.3541	0.1836
衬砌变形或移动	0.5455	0.5455	0.7385	0.7385	1.0000	0.1356
求和	4.0224	4.0224	5.4467	5.4467	7.3754	1.0000

求解过程如下：

1）求出两两比较矩阵的每一列的和。

2）根据层次分析法对权重进行归一化处理，得到各准则层指标权重 ω_Q = (0.2486 0.2486 0.1836 0.1836 0.1356)，见表8-3。

3）计算判断矩阵的最大特征值 λ_{max}。

$$A_Q \omega_Q^T = \begin{bmatrix} 1.0000 & 1.0000 & 1.3541 & 1.3541 & 1.8336 \\ 1.0000 & 1.0000 & 1.3541 & 1.3541 & 1.8336 \\ 0.7385 & 0.7385 & 1.0000 & 1.0000 & 1.3541 \\ 0.7385 & 0.7385 & 1.0000 & 1.0000 & 1.3541 \\ 0.5455 & 0.5455 & 0.7385 & 0.7385 & 1.0000 \end{bmatrix} \begin{bmatrix} 0.2486 \\ 0.2486 \\ 0.1836 \\ 0.1836 \\ 0.1356 \end{bmatrix}$$

$$= \begin{bmatrix} 1.2430 & 1.2430 & 0.9180 & 0.9180 & 0.6779 \end{bmatrix}^T$$

$$\lambda_{max} = \sum_{i=1}^{n} \frac{(AW)_i}{nW_i} = 5.000001$$

4）检验矩阵的一致性。计算出个指标权重后，对各权重的分配是否合理，就需要对判断矩阵进行一致性检验。计算一致性指标 CI

$$CI = \frac{(\lambda_{max} - n)}{n - 1} = 0.00000025$$

计算随机一致性比例系数 CR，对于5阶矩阵，查表8-2，RI = 1.12。

$$CR = \frac{CI}{RI} = 0.00000025 \div 1.12 = 0.00000022 < 0.1$$

因此，可以认为所构建得两两比较矩阵满足一致性要求，其相应的特征向量有效。

基于层次分析法原理，根据乘积标度法计算方法，计算出针对砌石衬砌准则层指标（衬砌材质劣化、渗漏水、衬砌开裂或错动、衬砌背后脱空、衬砌变形或移动）的权重为

$$\omega_Q = (0.2486 \quad 0.2486 \quad 0.1836 \quad 0.1836 \quad 0.1356)$$

8.3 隧道③健康状态评价

隧道③全长640m，中心里程K466.818m，该隧道修建于1984年，隧道内基本采用混凝土衬砌。通过对隧道进行病害检测发现，隧道③内渗漏水和衬砌裂缝病害较多。利用隧道检测数据，针对隧道③洞身标300~350m检测数据见表8-4，对隧道③进行健康状态评价。

表8-4 隧道③指标检测样本值

检测指标	衬砌变形或移动		渗漏水		衬砌裂缝		
	变形速率/(mm/年)	变形量/限距	部位+状态	pH	长/m	宽/mm	深/mm
指标值	—	0.72	拱腰射水 拱顶漏水	—	2.5	1.6	246

检测指标	衬砌强度		衬砌厚度		衬砌背后空洞		
	实测强度/MPa	设计强度/MPa	实测厚度/cm	设计厚度/cm	位置	横向尺寸/m	径向尺寸/cm
指标值	10.359	13.4	58	80	拱腰	—	12

8.3.1 指标变权权重的计算

对于定性指标，根据其现场观测指标的描述情况，直接确定该定性指标的模糊标度，以该等级的中间值作为该等级的标准化值。对于定量指标，利用折线形公式对各指标检测值进行标准化，标准化结果见表8-5。

表8-5 隧道③指标检测值标准化表

准则层指标	指标层指标	指标值	标准化值
衬砌开裂	长度/m	2.5	0.6276
	宽度/mm	1.6	0.625
	深度/cm	24.6/80	0.7694

(续)

准则层指标	指标层指标	指标值	标准化值
渗漏水	状态	拱腰漏水	0.375
	pH	—	
衬砌材质劣化	衬砌强度/MPa	10.359/13.4	0.5576
	衬砌厚度/cm	58/80	0.4583
衬砌背后空洞	位置	拱腰	0.625
	径向尺寸/cm	12	0.4875
	横向尺寸/cm	—	
衬砌变形	变形量	0.72	0.2262
	变形速率/(mm/年)	—	

利用式(7-5)计算各指标的变权权重，对于衬砌开裂，常权权重向量为

$$\omega_H^0 = (0.3652 \quad 0.3652 \quad 0.2696)$$

计算衬砌裂缝长度的变权权重

$$\omega_{LC} = \frac{0.3652 \times 0.6276^{-0.5}}{0.3652 \times 0.6276^{-0.5} + 0.3652 \times 0.625^{-0.5} + 0.2696 \times 0.7694^{-0.5}} = 0.3747$$

衬砌裂缝宽度的变权权重

$$\omega_{LC} = \frac{0.3652 \times 0.625^{-0.5}}{0.3652 \times 0.6276^{-0.5} + 0.3652 \times 0.625^{-0.5} + 0.2696 \times 0.7694^{-0.5}} = 0.3755$$

衬砌裂缝深度的变权权重

$$\omega_{LC} = \frac{0.2696 \times 0.7694^{-0.5}}{0.3652 \times 0.6276^{-0.5} + 0.3652 \times 0.625^{-0.5} + 0.2696 \times 0.7694^{-0.5}} = 0.2498$$

构建衬砌裂缝指标的变权权重向量为

$$\omega_H = (0.3747 \quad 0.3755 \quad 0.2498)$$

同理可计算衬砌材质劣化、渗漏水、衬砌背后空洞和衬砌变形的变权权重

$$\omega_C = (0.4755 \quad 0.5804)$$
$$\omega_S = (0.5752 \quad 0.4248)$$
$$\omega_K = (0.3234 \quad 0.2388 \quad 0.4379)$$
$$\omega_B = (0.5752 \quad 0.4248)$$

8.3.2 可变隶属度的计算

根据本文针对各指标建立的评价标准，构建动态模糊评估确定隶属函数的各项参数（a、b、c、d、M），根据动态模糊评估步骤，建立标准区间矩阵 I_{ab}、范围区间矩阵 I_{cd}、点值矩阵 M，见式(8-1)~式(8-3)。

$$I_{ab} = \begin{bmatrix} [0\ 0.1] & [0.1\ 5] & [5\ 10] & [10\ 14.14] \\ [0\ 0.2] & [0.2\ 3] & [3\ 5] & [5\ 7.07] \\ [0\ 0.33] & [0.33\ 0.5] & [0.5\ 0.67] & [0.67\ 1] \\ [1\ 0.85] & [0.85\ 0.75] & [0.75\ 0.65] & [0.65\ 0] \\ [1\ 0.9] & [0.9\ 0.75] & [0.75\ 0.6] & [0.6\ 0] \\ [0\ 0.25] & [0.25\ 0.5] & [0.5\ 0.75] & [0.75\ 1] \\ [7.9\ 6.0] & [6.0\ 5.0] & [5.0\ 4.0] & [4.0\ 0] \\ [0\ 0.25] & [0.25\ 0.5] & [0.5\ 0.75] & [0.75\ 1] \\ [0\ 50] & [50\ 100] & [100\ 150] & [150\ 200] \\ [0\ 50] & [50\ 100] & [100\ 500] & [500\ 707.1] \\ [0\ 0.25] & [0.25\ 0.5] & [0.5\ 0.75] & [0.75\ 1] \\ [0\ 1] & [1\ 3] & [3\ 10] & [10\ 14.14] \end{bmatrix} \quad (8\text{-}1)$$

$$I_{cd} = \begin{bmatrix} [0\ 5] & [0\ 10] & [0.1\ 10] & [5\ 14.14] \\ [0\ 3] & [0\ 5] & [0.2\ 5] & [3\ 7.07] \\ [0\ 0.5] & [0\ 0.5] & [0.33\ 0.67] & [0.5\ 1] \\ [1\ 0.75] & [1\ 0.65] & [0.85\ 0] & [0.75\ 0] \\ [1\ 0.75] & [1\ 0.6] & [0.9\ 0] & [0.75\ 0] \\ [0\ 0.5] & [0\ 0.75] & [0.25\ 1] & [0.5\ 1] \\ [7.9\ 5.0] & [7.9\ 4.0] & [6.0\ 0] & [5.0\ 0] \\ [0\ 0.5] & [0\ 0.75] & [0.25\ 1] & [0.5\ 1] \\ [0\ 100] & [0\ 150] & [50\ 150] & [100\ 200] \\ [0\ 100] & [0\ 500] & [100\ 500] & [100\ 707.1] \\ [0\ 0.5] & [0\ 0.75] & [0.25\ 1] & [0.5\ 1] \\ [0\ 3] & [0\ 10] & [1\ 10] & [3\ 14.14] \end{bmatrix} \quad (8\text{-}2)$$

$$M = \begin{bmatrix} 0 & 2.55 & 7.5 & 14.14 \\ 0 & 1.6 & 4 & 7.07 \\ 0 & 0.42 & 0.58 & 1 \\ 1 & 0.8 & 0.7 & 0 \\ 1 & 0.825 & 0.675 & 0 \\ 0 & 0.375 & 0.625 & 1 \\ 7.9 & 5.5 & 4.5 & 0 \\ 0 & 0.375 & 0.625 & 1 \\ 0 & 75 & 100 & 200 \\ 0 & 75 & 300 & 707.1 \\ 0 & 0.375 & 0.625 & 1 \\ 0 & 2 & 6.5 & 14.14 \end{bmatrix} \quad (8\text{-}3)$$

确定了 I_{ab}、I_{cd}、M 矩阵之后，分别对定性指标和定量指标进行隶属度的判定。对于定性指标，由于指标值没有明确的界定区间，无法计算其相对隶属度函数，可根据调查描述进行定性的判定，直接确定其特征值对应的安全等级的相对隶属度为 1，则其余各评估等级的相对隶属度为 0。对于定量指标，根据实际检测值，利用相对差异函数原理，判断指标值 x 落在 M 值的左侧还是右侧，在式(7-10)和式(7-11) 中选用合适的公式计算指标对评估等级标准的差异函数 $D_A(u)_{ij}$，$i=1,2,\cdots,m$ 为指标数量，$j=1,2,\cdots,n$ 为安全评估等级。最后根据隧道特点，选择式(7-12) 和式(7-13) 计算指标相对各评估等级的相对隶属度 $\mu_A(u)_{ij}$。

1. 衬砌裂缝隶属度的计算

1）对于衬砌裂缝长度 L，检测值 $L=2.5\text{m}$，确定裂缝长度的吸引域向量、范围域向量和点值 M 向量

$$[a\ b] = ([0\ 0.1]\ [0.1\ 5]\ [5\ 10]\ [10\ 14.14])$$
$$[c\ d]_{LC} = ([0\ 5]\ [0\ 10]\ [0.1\ 10]\ [5\ 14.14])$$
$$M_{LC} = (0\ 5\ 7.5\ 14.14)$$

当 $j=1$ 时，$a=0$，$b=0.1$，$c=0$，$d=5$，$M=0$，由此可判断指标值在 M 的右侧，属于区间 $[b\ d]=[0.1\ 5]$，因此利用式(7-11) 计算可得

$$D_A(u)_{LC1} = -\left(\frac{x-b}{M-b}\right)^\beta = -\left(\frac{2.5-0.1}{5-0}\right)^1 = -0.48$$

由式(7-12) 计算得

$$\mu_A(u)_{LC1} = \frac{[1+D_A(u)_{LC1}]}{2} = \frac{(1-0.48)}{2} = 0.26$$

当 $j=2$ 时，$a=0.1$，$b=5$，$c=0$，$d=10$，$M=2.55$，由此可判断指标值 X 在 M 的左侧，属于区间 $[a\ M]=[0.1\ 2.55]$，因此利用式(7-10) 计算可得

$$D_A(u)_{LC2} = \left(\frac{x-a}{M-a}\right)^\beta = \left(\frac{2.5-0.1}{2.55-0.1}\right)^1 = 0.9796$$

由式(7-12) 计算得

$$\mu_A(u)_{LC2} = \frac{[1+D_A(u)_{LC2}]}{2} = \frac{(1+0.9796)}{2} = 0.9898$$

当 $j=3$ 时，$a=5$，$b=10$，$c=0.1$，$d=10$，$M=7.5$，由此可判断指标值 X 在 M 的左侧，属于区间 $[c\ a]=[0.1\ 5]$，因此利用式(7-10) 计算可得

$$D_A(u)_{LC3} = -\left(\frac{x-a}{c-a}\right)^\beta = -\left(\frac{2.5-5}{0.1-5}\right)^1 = -0.5102$$

由式(7-12) 计算得

$$\mu_A(u)_{LC3} = \frac{[1+D_A(u)_{LC3}]}{2} = \frac{(1-0.5102)}{2} = 0.2449$$

当 $j=4$ 时，$a=10$，$b=14.14$，$c=5$，$d=14.14$，$M=14.14$，由此可判断指标值 X 在 M 的左侧，但是 $x=2.5 \notin [c\ d] = [5\ 14.14]$，因此利用式(7-13) 可得

$$\mu_{\underline{A}}(u)_{LC4} = 0$$

综上计算可得裂缝长度的隶属向量

$$\mu_{\underline{A}}(u)'_{LC} = (0.26\ 0.9898\ 0.2449\ 0)$$

2）对于衬砌裂缝宽度 B，检测值 $B=1.6\text{mm}$，确定裂缝宽度的吸引域向量、范围域向量和点值 M 向量

$$[a\ b] = ([0\ 0.2]\ [0.2\ 3]\ [3\ 5]\ [5\ 7.07])$$
$$[c\ d]_{LC} = ([0\ 3]\ [0\ 5]\ [0.2\ 5]\ [3\ 7.07])$$
$$M_{LC} = (0\ 1.6\ 4\ 7.07)$$

当 $j=1$ 时，$a=0$，$b=0.2$，$c=0$，$d=3$，$M=0$，由此可判断指标值在 M 的右侧，属于区间 $[b\ d] = [0.2\ 3]$，因此利用式(7-11) 计算可得

$$D_{\underline{A}}(u)_{LK1} = -\left(\frac{x-b}{M-b}\right)^{\beta} = -\left(\frac{1.6-0.2}{3-0}\right)^{1} = -0.4667$$

由式(7-12) 计算得

$$\mu_{\underline{A}}(u)_{LK1} = \frac{[1+D_{\underline{A}}(u)_{LK1}]}{2} = \frac{(1-0.467)}{2} = 0.2667$$

当 $j=2$ 时，$a=0.2$，$b=3$，$c=0$，$d=5$，$M=1.6$，由此可判断指标值 X 与 M 相等，可知 $D_{\underline{A}}(u)_{LK2} = 1$，计算可得

$$\mu_{\underline{A}}(u)_{LK2} = \frac{[1+D_{\underline{A}}(u)_{LK2}]}{2} = \frac{(1+1)}{2} = 1$$

当 $j=3$ 时，$a=3$，$b=5$，$c=0.2$，$d=7.07$，$M=4$，由此可判断指标值 X 在 M 的左侧，属于区间 $[c\ a] = [0.2\ 3]$，因此利用式(7-10) 计算可得

$$D_{\underline{A}}(u)_{LK3} = -\left(\frac{x-a}{c-a}\right)^{\beta} = -\left(\frac{1.6-3}{0.2-3}\right)^{1} = -0.5$$

由式(7-12) 计算得

$$\mu_{\underline{A}}(u)_{LK3} = \frac{[1+D_{\underline{A}}(u)_{LK3}]}{2} = \frac{(1-0.5)}{2} = 0.25$$

当 $j=4$ 时，$a=5$，$b=7.07$，$c=3$，$d=7.07$，$M=7.07$，由此可判断指标值 X 在 M 的左侧，但是 $x=1.6 \notin [c\ d] = [3\ 7.07]$，因此利用式(7-13) 可得

$$\mu_{\underline{A}}(u)_{LK4} = 0$$

综上计算可得裂缝长度的隶属向量

$$\mu_{\underline{A}}(u)'_{LK} = (0.2667\ 1\ 0.25\ 0)$$

3）对于衬砌裂缝深度系数 K，计算得 $K=0.3075$，确定裂缝宽度的吸引域向量、范围域向量和点值 M 向量

$$[a\ b] = ([0\ 0.33]\ [0.33\ 0.5]\ [0.5\ 0.67]\ [0.67\ 1])$$

$$[c \quad d]_{LC} = ([0 \quad 0.5] \quad [0 \quad 0.67] \quad [0.33 \quad 7.07] \quad [0.5 \quad 7.07])$$
$$M_{LC} = (0 \quad 0.42 \quad 0.58 \quad 1)$$

当 $j=1$ 时，$a=0$，$b=0.33$，$c=0$，$d=0.5$，$M=0$，由此可判断指标值在 M 的右侧，属于区间 $[M \quad b] = [0 \quad 0.33]$，因此利用式(7-11) 计算可得

$$D_{\underline{A}}(u)_{LS1} = \left(\frac{x-b}{M-b}\right)^{\beta} = \left(\frac{0.3075 - 0.33}{0 - 0.33}\right)^{1} = 0.0775$$

由式(7-12) 计算得

$$\mu_{\underline{A}}(u)_{LS1} = \frac{[1 + D_{\underline{A}}(u)_{LS1}]}{2} = \frac{(1 + 0.0775)}{2} = 0.5387$$

当 $j=2$ 时，$a=0.33$，$b=0.5$，$c=0$，$d=0.67$，$M=0.42$，由此可判断指标值 X 在 M 左侧，属于区间 $[c \quad a] = [0 \quad 0.33]$，利用式(7-10) 可计算得

$$D_{\underline{A}}(u)_{LS2} = -\left(\frac{x-a}{c-a}\right)^{\beta} = -\left(\frac{0.3075 - 0.33}{0 - 0.33}\right)^{1} = -0.0775$$

由式(7-12) 计算得

$$\mu_{\underline{A}}(u)_{LS2} = \frac{[1 + D_{\underline{A}}(u)_{LS2}]}{2} = \frac{(1 - 0.0775)}{2} = 0.4613$$

当 $j=3$ 和 $j=4$ 时，由于指标值均没有落在 $[c \quad d]$ 区间内，因此由式(7-13) 可知

$$\mu_{\underline{A}}(u)_{LS3} = \mu_{\underline{A}}(u)_{LS4} = 0$$

综上计算可得裂缝深度的隶属向量为

$$\mu_{\underline{A}}(u)'_{LS} = (0.53875 \quad 0.46125 \quad 0 \quad 0)$$

综上，构建衬砌裂缝的隶属度初始矩阵

$$\mu_{\underline{A}}(u)^0_L = \begin{pmatrix} 0.2600 & 0.9898 & 0.2449 & 0 \\ 0.2667 & 1 & 0.25 & 0 \\ 0.5387 & 0.4613 & 0 & 0 \end{pmatrix}$$

对其进行归一化处理，得到衬砌裂缝指标的相对隶属度矩阵

$$\mu_{\underline{A}}(u)_L = \begin{pmatrix} 0.1739 & 0.6622 & 0.1638 & 0 \\ 0.1758 & 0.6593 & 0.1648 & 0 \\ 0.5387 & 0.4613 & 0 & 0 \end{pmatrix}$$

2. 衬砌材质劣化指标相对隶属度矩阵

$$\mu_{\underline{A}}(u)_C = \begin{pmatrix} 0.2428 & 0.5126 & 0.2446 & 0 \\ 0 & 0.3793 & 0.5518 & 0.0689 \end{pmatrix}$$

3. 渗漏水指标相对隶属矩阵

$$\mu_{\underline{A}}(u)_S = \begin{pmatrix} 0 & 1 & 0 & 0 \\ 0 & 0 & 0 & 0 \end{pmatrix}$$

4. 衬砌背后空洞相对隶属矩阵

$$\mu_{\underline{A}}(u)_K = \begin{pmatrix} 0 & 1 & 0 & 0 \\ 0 & 0 & 0 & 0 \\ 0 & 0.3739 & 0.4304 & 0.1956 \end{pmatrix}$$

5. 衬砌变形指标相对隶属度矩阵

$$\mu_{\underline{A}}(u)_B = \begin{pmatrix} 0 & 0 & 0.4527 & 0.5473 \\ 0 & 0 & 0 & 0 \end{pmatrix}$$

8.3.3　隧道③可变模糊综合评价

隧道③的设计基准期为 100 年，该隧道处于状态劣化中期（偏初期）非线性劣化阶段，采用 TOPSIS 理想点模型进行综合评价。

对于衬砌裂缝，根据此前计算的相对隶属度矩阵和指标层指标变权权重，利用式(7-16)计算检测指标对各个安全等级的综合评估隶属矩阵，则有

$$\mu_{\underline{A}}(u)'_L = \frac{1}{1 + \sqrt{\dfrac{\sum\limits_{i=1}^{5}[\omega_i(1 - \mu_{\underline{A}}(u)_{ij})]^2}{\sum\limits_{i=1}^{5}[\omega_i \mu_{\underline{A}}(u)_{ij}]^2}}} = (0.2653 \quad 0.6215 \quad 0.1462 \quad 0)$$

并对其进行归一化处理，得到衬砌结构裂缝的综合评估隶属矩阵

$$\mu_{\underline{A}}(u)_L = (0.2568 \quad 0.6016 \quad 0.1416 \quad 0)$$

同理可计算得到衬砌材质劣化、渗漏水、衬砌背后空洞、衬砌结构变形准则层指标相对各个安全等级的评估隶属矩阵

$$\mu_{\underline{A}}(u)_C = (0.1357 \quad 0.4072 \quad 0.4077 \quad 0.0494)$$

$$\mu_{\underline{A}}(u)_S = (0 \quad 1 \quad 0 \quad 0)$$

$$\mu_{\underline{A}}(u)_K = (0 \quad 0.5413 \quad 0.3089 \quad 0.1498)$$

$$\mu_{\underline{A}}(u)_B = (0 \quad 0 \quad 0.4601 \quad 0.5399)$$

对于准则层指标的综合评估，构建准则层指标的隶属度矩阵

$$\mu_{\underline{A}}(u)'_Z = \begin{pmatrix} 0.2568 & 0.6016 & 0.1416 & 0 \\ 0.1357 & 0.4072 & 0.4077 & 0.0494 \\ 0 & 1 & 0 & 0 \\ 0 & 0.5413 & 0.3089 & 0.1498 \\ 0 & 0 & 0.4601 & 0.5399 \end{pmatrix}$$

根据乘积标度法确定准则层指标的权重向量为

$$\omega_H = (0.2324 \quad 0.2324 \quad 0.1268 \quad 0.0936 \quad 0.3147)$$

利用式(7-16)计算隧道健康状态的最终评价隶属度矩阵

$$\mu_A(u)'_Z = (0.1329 \quad 0.3773 \quad 0.3521 \quad 0.3089)$$

并对其归一化处理，可得隧道健康状态隶属向量

$$\mu_A(u)_Z = (0.1135 \quad 0.3222 \quad 0.3007 \quad 0.2637)$$

根据式(7-21)计算隧道安全状态的特征值

$$H_1 = 0.1135 \times 4 + 0.3222 \times 3 + 0.3007 \times 2 + 0.2637 \times 1 = 2.2857$$

根据判别式(7-22)判定该隧道属于病害（Ⅲ）级别，偏亚健康（Ⅱ）级别。

8.4 隧道②健康状态评价

隧道②隧道全长 570m，中心里程 K469.585m，该隧道修建于 1982 年，隧道内基本采用混凝土衬砌。利用隧道检测数据，针对隧道②洞身标 350~400m 检测数据（见表 8-6），对隧道②进行健康评价。

表 8-6 隧道②指标检测样本值

检测指标	衬砌变形或移动		渗漏水		衬砌裂缝		
	变形速率/(mm/年)	变形量/限距	部位+状态	pH	长/m	宽/mm	深/mm
指标值	—	0.06	拱腰漏水 拱顶滴水	—	3.5	1.4	143

检测指标	衬砌强度		衬砌厚度		衬砌背后空洞		
	实测强度/MPa	设计强度/MPa	实测厚度/cm	设计厚度/cm	位置	横向尺寸/m	径向尺寸/mm
指标值	11.578	13.4	100	126	拱腰	—	20

8.4.1 指标变权权重的计算

对于定性指标，根据其现场观测指标的描述情况，直接确定该定性指标的模糊标度，以该等级的中间值作为该等级的标准化值。对于定量指标，利用折线形公式对各指标检测值进行标准化，标准化结果见表 8-7。

表 8-7 隧道②指标检测值标准化表

准则层指标	指标层指标	指标值	标准化值
衬砌开裂	长度/m	3.5	0.4821
	宽度/mm	1.4	0.6429
	深度/cm	14.3/126	0.6081
渗漏水	状态	拱腰漏水	0.375
	pH	—	

(续)

准则层指标	指标层指标	指标值	标准化值
衬砌材质劣化	衬砌强度/MPa	11.578/13.4	0.5278
	衬砌厚度/cm	100/126	0.6772
衬砌背后空洞	位置	拱腰	0.625
	径向尺寸/cm	2	0.9
	横向尺寸/cm	—	
衬砌变形	变形量	0.06	0.925
	变形速率/(mm/年)	—	

利用式(7-5) 计算各指标的变权权重,对于衬砌开裂,常权权重向量为

$$\omega_H^0 = (0.3652 \quad 0.3652 \quad 0.2696)$$

计算衬砌裂缝长度的变权权重

$$\omega_{LC} = \frac{0.3652 \times 0.4821^{-0.5}}{0.3652 \times 0.4821^{-0.5} + 0.3652 \times 0.6429^{-0.5} + 0.2696 \times 0.6081^{-0.5}} = 0.3963$$

衬砌裂缝宽度的变权权重

$$\omega_{LC} = \frac{0.3652 \times 0.6429^{-0.5}}{0.3652 \times 0.4821^{-0.5} + 0.3652 \times 0.6429^{-0.5} + 0.2696 \times 0.6081^{-0.5}} = 0.3432$$

衬砌裂缝深度的变权权重

$$\omega_{LC} = \frac{0.2696 \times 0.6081^{-0.5}}{0.3652 \times 0.4821^{-0.5} + 0.3652 \times 0.6429^{-0.5} + 0.2696 \times 0.6081^{-0.5}} = 0.2605$$

构建衬砌裂缝指标的变权权重向量为

$$\omega_H = (0.3963 \quad 0.3432 \quad 0.2605)$$

同理可计算渗漏水、衬砌材质劣化、衬砌背后空洞和衬砌变形的变权权重

$$\omega_C = (0.6053 \quad 0.3947)$$
$$\omega_S = (0.5752 \quad 0.4248)$$
$$\omega_K = (0.3234 \quad 0.2388 \quad 0.4379)$$
$$\omega_B = (0.5752 \quad 0.4248)$$

8.4.2 可变隶属度的计算

根据本文针对各指标建立的评价标准,构造动态模糊评估确定隶属函数的各项参数 (a、b、c、d、M),根据动态模糊评估步骤,建立标准区间矩阵 I_{ab}、范围区间矩阵 I_{cd}、点值矩阵 M,见式(8-1)~式(8-3)。

确定了 I_{ab}、I_{cd}、M 矩阵之后,分别对定性指标和定量指标进行隶属度的判定。对于定性指标,由于指标值没有明确的界定区间,无法计算其相对隶属度函数,可根据调查描述进行定性的判定,直接确定其特征值对应的安全等级的相对

隶属度为1，则其余各评估等级的相对隶属度为0。对于定量指标，根据实际检测值，利用相对差异函数原理，判断指标值 x 落在 M 值的左侧还是右侧，在式(7-10)和式(7-11)中选用合适的公式计算指标对评估等级标准的差异函数 $D_A(u)_{ij}$，$i=1, 2, \cdots, m$ 为指标数量，$j=1, 2, \cdots, n$ 为安全评估等级。最后根据隧道特点，选择式(7-12)和式(7-13)计算指标相对各评估等级的相对隶属度 $\mu_A(u)_{ij}$。

1. 衬砌裂缝隶属度的计算

1) 对于衬砌裂缝长度 L，检测值 $L=3.5\mathrm{m}$，确定裂缝长度的吸引域向量、范围域向量和点值 M 向量

$$[a \quad b] = ([0 \quad 0.1] \quad [0.1 \quad 5] \quad [5 \quad 10] \quad [10 \quad 14.14])$$

$$[c \quad d]_{LC} = ([0 \quad 5] \quad [0 \quad 10] \quad [0.1 \quad 10] \quad [5 \quad 14.14])$$

$$M_{LC} = (0 \quad 5 \quad 7.5 \quad 14.14)$$

当 $j=1$ 时，$a=0$，$b=0.1$，$c=0$，$d=5$，$M=0$，由此可判断指标值在 M 的右侧，属于区间 $[b \quad d]=[0.1 \quad 5]$，因此利用式(7-11)计算可得

$$D_A(u)_{LC1} = -\left(\frac{x-b}{M-b}\right)^{\beta} = -\left(\frac{3.5-0.1}{5-0}\right)^{1} = -0.68$$

由式(7-12)计算得

$$\mu_A(u)_{LC1} = \frac{[1+D_A(u)_{LC1}]}{2} = \frac{(1-0.68)}{2} = 0.16$$

当 $j=2$ 时，$a=0.1$，$b=5$，$c=0$，$d=10$，$M=2.55$，由此可判断指标值 X 在 M 的右侧，属于区间 $[M \quad b]=[2.55 \quad 5]$，因此利用式(7-11)计算可得

$$D_A(u)_{LC2} = \left(\frac{x-b}{M-b}\right)^{\beta} = \left(\frac{3.5-5}{2.55-5}\right)^{1} = 0.6122$$

由式(7-12)计算得

$$\mu_A(u)_{LC2} = \frac{[1+D_A(u)_{LC2}]}{2} = \frac{(1+0.6122)}{2} = 0.8061$$

当 $j=3$ 时，$a=5$，$b=10$，$c=0.1$，$d=10$，$M=7.5$，由此可判断指标值 X 在 M 的左侧，属于区间 $[c \quad a]=[0.1 \quad 5]$，因此利用式(7-10)计算可得

$$D_A(u)_{LC3} = -\left(\frac{x-a}{c-a}\right)^{\beta} = -\left(\frac{3.5-5}{0.1-5}\right)^{1} = -0.3061$$

由式(7-12)计算得

$$\mu_A(u)_{LC3} = \frac{[1+D_A(u)_{LC3}]}{2} = \frac{(1-0.3061)}{2} = 0.3469$$

当 $j=4$ 时，$a=10$，$b=14.14$，$c=5$，$d=14.14$，$M=14.14$，由此可判断指标值 X 在 M 的左侧，但是 $x=2.5 \notin [c \quad d]=[5 \quad 14.14]$，因此利用式(7-13)可得

$$\mu_{\underline{A}}(u)_{LC4} = 0$$

综上计算可得裂缝长度的隶属向量

$$\mu_{\underline{A}}(u)'_{LC} = (0.16 \quad 0.8061 \quad 0.3469 \quad 0)$$

2) 对于衬砌裂缝宽度 B，检测值 $B = 1.4$ mm，确定裂缝宽度的吸引域向量、范围域向量和点值 M 向量

$$[a \quad b] = ([0 \quad 0.2] \quad [0.2 \quad 3] \quad [3 \quad 5] \quad [5 \quad 7.07])$$
$$[c \quad d]_{LC} = ([0 \quad 3] \quad [0 \quad 5] \quad [0.2 \quad 5] \quad [3 \quad 7.07])$$
$$M_{LC} = (0 \quad 1.6 \quad 4 \quad 7.07)$$

当 $j = 1$ 时，$a = 0$，$b = 0.2$，$c = 0$，$d = 3$，$M = 0$，由此可判断指标值 X 在 M 的右侧，属于区间 $[b \quad d] = [0.2 \quad 3]$，因此利用式(7-11) 计算可得

$$D_{\underline{A}}(u)_{LK1} = -\left(\frac{x-b}{M-b}\right)^{\beta} = -\left(\frac{1.4-0.2}{3-0}\right)^{1} = -0.4$$

由式(7-12) 计算得

$$\mu_{\underline{A}}(u)_{LK1} = \frac{[1 + D_{\underline{A}}(u)_{LK1}]}{2} = \frac{(1-0.4)}{2} = 0.3$$

当 $j = 2$ 时，$a = 0.2$，$b = 3$，$c = 0$，$d = 5$，$M = 1.6$，由此可判断指标值 X 在 M 左侧，属于区间 $[a \quad M] = [0.2 \quad 1.6]$，因此利用式(7-11) 计算可得

$$D_{\underline{A}}(u)_{LK2} = \left(\frac{x-a}{M-a}\right)^{\beta} = \left(\frac{1.4-0.2}{1.6-0.2}\right)^{1} = 0.8571$$

由式(7-12) 计算得

$$\mu_{\underline{A}}(u)_{LK2} = \frac{[1 + D_{\underline{A}}(u)_{LK3}]}{2} = \frac{(1+0.8571)}{2} = 0.9285$$

当 $j = 3$ 时，$a = 3$，$b = 5$，$c = 0.2$，$d = 7.07$，$M = 4$，由此可判断指标值 X 在 M 的左侧，属于区间 $[c \quad a] = [0.2 \quad 3]$，因此利用式(7-11) 计算可得

$$D_{\underline{A}}(u)_{LK3} = -\left(\frac{x-a}{c-a}\right)^{\beta} = -\left(\frac{1.4-3}{0.2-3}\right)^{1} = -0.5714$$

由式(7-12) 计算得

$$\mu_{\underline{A}}(u)_{LK3} = \frac{[1 + D_{\underline{A}}(u)_{LK3}]}{2} = \frac{(1-0.5714)}{2} = 0.2143$$

当 $j = 4$ 时，$a = 5$，$b = 7.07$，$c = 3$，$d = 7.07$，$M = 7.07$，由此可判断指标值 X 在 M 的左侧，但是 $x = 1.6 \notin [c \quad d] = [3 \quad 7.07]$，因此利用式(7-13) 可得

$$\mu_{\underline{A}}(u)_{LK4} = 0$$

综上计算可得裂缝长度的隶属向量

$$\mu_{\underline{A}}(u)'_{LK} = (0.3 \quad 0.9285 \quad 0.2143 \quad 0)$$

3) 对于衬砌裂缝深度系数 K，计算得 $K = 0.1135$，确定裂缝宽度的吸引域向量、范围域向量和点值 M 向量

$$[a \quad b] = ([0 \quad 0.33] \quad [0.33 \quad 0.5] \quad [0.5 \quad 0.67] \quad [0.67 \quad 1])$$
$$[c \quad d]_{LC} = ([0 \quad 0.5] \quad [0 \quad 0.67] \quad [0.33 \quad 7.07] \quad [0.5 \quad 7.07])$$
$$M_{LC} = (0 \quad 0.42 \quad 0.58 \quad 1)$$

当 $j=1$ 时，$a=0$，$b=0.33$，$c=0$，$d=0.5$，$M=0$，由此可判断指标值 X 在 M 的右侧，属于区间 $[M \quad b] = [0 \quad 0.33]$，因此利用式(7-11) 计算可得

$$D_{\underline{A}}(u)_{LS1} = \left(\frac{x-b}{M-b}\right)^\beta = \left(\frac{0.1135 - 0.33}{0 - 0.33}\right)^1 = 0.6561$$

由式(7-12) 计算得

$$\mu_{\underline{A}}(u)_{LS1} = \frac{[1 + D_{\underline{A}}(u)_{LS1}]}{2} = \frac{(1 + 0.6561)}{2} = 0.8280$$

当 $j=2$ 时，$a=0.33$，$b=0.5$，$c=0$，$d=0.67$，$M=0.42$，由此可判断指标值 X 在 M 左侧，属于区间 $[c \quad a] = [0 \quad 0.33]$，利用式(7-10) 可计算得

$$D_{\underline{A}}(u)_{LS2} = -\left(\frac{x-a}{c-a}\right)^\beta = -\left(\frac{0.1135 - 0.33}{0 - 0.33}\right)^1 = -0.6561$$

由式(7-12) 计算得

$$\mu_{\underline{A}}(u)_{LS2} = \frac{[1 + D_{\underline{A}}(u)_{LS2}]}{2} = \frac{(1 - 0.6561)}{2} = 0.1719$$

当 $j=3$ 和 $j=4$ 时，由于指标值均没有落在 $[c \quad d]$ 区间内，因此由式(7-13) 可知

$$\mu_{\underline{A}}(u)_{LS3} = \mu_{\underline{A}}(u)_{LS4} = 0$$

综上计算可得裂缝深度的隶属向量为

$$\mu_{\underline{A}}(u)'_{LS} = (0.8283 \quad 0.1719 \quad 0 \quad 0)$$

综上，构建衬砌裂缝的隶属度初始矩阵

$$\mu_{\underline{A}}(u)^0_L = \begin{pmatrix} 0.16 & 0.8061 & 0.3469 & 0 \\ 0.3 & 0.9285 & 0.2143 & 0 \\ 0.8280 & 0.1719 & 0 & 0 \end{pmatrix}$$

对其进行归一化处理，得到衬砌裂缝指标的相对隶属度矩阵

$$\mu_{\underline{A}}(u)_L = \begin{pmatrix} 0.1219 & 0.6139 & 0.2642 & 0 \\ 0.2079 & 0.6435 & 0.1485 & 0 \\ 0.8281 & 0.1719 & 0 & 0 \end{pmatrix}$$

2. 衬砌材质劣化指标相对隶属度矩阵

$$\mu_{\underline{A}}(u)_C = \begin{pmatrix} 0.4001 & 0.5500 & 0.0500 & 0 \\ 0.1128 & 0.6128 & 0.2744 & 0 \end{pmatrix}$$

3. 渗漏水指标相对隶属矩阵

$$\mu_{\underline{A}}(u)_S = \begin{pmatrix} 0 & 1 & 0 & 0 \\ 0 & 0 & 0 & 0 \end{pmatrix}$$

4. 衬砌背后空洞相对隶属矩阵

$$\mu_{\underline{A}}(u)_K = \begin{pmatrix} 0 & 1 & 0 & 0 \\ 0 & 0 & 0 & 0 \\ 0.8 & 0.2 & 0 & 0 \end{pmatrix}$$

5. 衬砌变形指标相对隶属度矩阵

$$\mu_{\underline{A}}(u)_B = \begin{pmatrix} 0.88 & 0.12 & 0 & 0 \\ 0 & 0 & 0 & 0 \end{pmatrix}$$

8.4.3 隧道②可变模糊综合评价

隧道②的设计基准期为 100 年，该隧道处于状态劣化中期（偏初期）非线性劣化阶段，采用 TOPSIS 理想点模型进行综合评价。

对于衬砌裂缝，根据此前计算的相对隶属度矩阵和指标层指标变权权重，利用式(7-16)计算检测指标对各个安全等级的综合评估隶属矩阵，则有

$$\mu_{\underline{A}}(u)'_L = \frac{1}{1+\sqrt{\dfrac{\sum_{i=1}^{5}[\omega_i(1-\mu_{\underline{A}}(u)_{ij})]^2}{\sum_{i=1}^{5}[\omega_i\mu_{\underline{A}}(u)_{ij}]^2}}} = (0.3436 \quad 0.5323 \quad 0.1926 \quad 0)$$

并对其进行归一化处理，得到衬砌结构裂缝的综合评估隶属矩阵

$$\mu_{\underline{A}}(u)_L = (0.3216 \quad 0.4982 \quad 0.1803 \quad 0)$$

同理可计算得到衬砌材质劣化、渗漏水、衬砌背后空洞、衬砌结构变形准则层指标相对各个安全等级的评估隶属矩阵

$$\mu_{\underline{A}}(u)_C = (0.3137 \quad 0.5438 \quad 0.1425 \quad 0)$$

$$\mu_{\underline{A}}(u)_S = (0 \quad 1 \quad 0 \quad 0)$$

$$\mu_{\underline{A}}(u)_K = (0.5102 \quad 0.4898 \quad 0 \quad 0)$$

$$\mu_{\underline{A}}(u)_B = (0.8511 \quad 0.1489 \quad 0 \quad 0)$$

对于准则层指标的综合评估，构建准则层指标的隶属度矩阵

$$\mu_{\underline{A}}(u)'_Z = \begin{pmatrix} 0.3216 & 0.4982 & 0.1803 & 0 \\ 0.3137 & 0.5438 & 0.1425 & 0 \\ 0 & 1 & 0 & 0 \\ 0.5102 & 0.4898 & 0 & 0 \\ 0.8511 & 0.1489 & 0 & 0 \end{pmatrix}$$

根据乘积标度法确定准则层指标的权重向量为

$$\omega_H = (0.2324 \quad 0.2324 \quad 0.1268 \quad 0.0936 \quad 0.3147)$$

利用式(7-16)计算隧道健康状态的最终评价隶属度矩阵

$$\mu_A(u)'_Z = (0.5229 \quad 0.4150 \quad 0.1067 \quad 0)$$

并对其归一化处理,可得隧道健康状态隶属向量

$$\mu_A(u)_Z = (0.5006 \quad 0.3973 \quad 0.1022 \quad 0)$$

根据式(7-21)计算隧道安全状态的特征值

$$H_1 = 0.5006 \times 4 + 0.3973 \times 3 + 0.1022 \times 2 + 0 \times 1 = 3.3987$$

根据判别式(7-22)判定该隧道属于亚健康(Ⅱ)级别,偏基本健康(Ⅰ)级别。

8.5 隧道①健康状态评价

隧道①全长1037.2m,中心里程K188.594m,修建于1965年,采用的直墙式砌石衬砌。通过对隧道病害的检测,隧道①主要病害为砌缝的劣化,利用检测数据,针对隧道①洞身标350~400m检测数据见表8-8,对隧道①进行健康评价。

表8-8 隧道①指标检测样本值

检测指标	衬砌变形或移动		渗漏水		衬砌裂缝			砌缝砂浆掉落深度/cm
	变形速率/(mm/年)	变形量/限距	部位+状态	pH	长/m	宽/mm	深/cm	
指标值	—	0.24	拱腰漏水 拱顶滴水	—	2	1.6	25	17

检测指标	衬砌强度		衬砌厚度		衬砌背后空洞		
	实测强度/MPa	设计强度/MPa	实测厚度/cm	设计厚度/cm	位置	横向尺寸/m	径向尺寸/mm
指标值	45	50	55	60	拱顶	—	—

8.5.1 指标变权权重的计算

对于定性指标,根据其现场观测指标的描述情况,直接确定该定性指标的模糊标度,以该等级的中间值作为该等级的标准化值。对于定量指标,利用折线形公式对各指标检测值进行标准化,标准化结果见表8-9。

表8-9 隧道①指标检测值标准化表

准则层指标	指标层指标	指标值	标准化值
衬砌开裂	长度/m	2	0.6531
	宽度/mm	1.6	0.625
	深度/cm	25/60	0.6225

（续）

准则层指标	指标层指标	指标值	标准化值
渗漏水	状态	拱腰漏水	0.625
	pH	—	—
衬砌材质劣化	衬砌强度/MPa	45/50	0.9167
	衬砌厚度/cm	55/60	0.9583
	砌缝掉灰深度/cm	17/60	0.3896
衬砌背后空洞	位置	拱顶	0.375
	径向尺寸/cm	—	—
	横向尺寸/cm	—	—
衬砌变形	变形量	0.24	0.76
	变形速率（mm/年）	—	—

利用式(7-5)计算各指标的变权权重，对于衬砌开裂，常权权重向量为

$$\omega_H^0 = (0.3652 \quad 0.3652 \quad 0.2696)$$

计算衬砌裂缝长度的变权权重

$$\omega_{LC} = \frac{0.3652 \times 0.6531^{-0.5}}{0.3652 \times 0.6531^{-0.5} + 0.3652 \times 0.625^{-0.5} + 0.2696 \times 0.6225^{-0.5}} = 0.3599$$

衬砌裂缝宽度的变权权重

$$\omega_{LC} = \frac{0.3652 \times 0.625^{-0.5}}{0.3652 \times 0.6531^{-0.5} + 0.3652 \times 0.625^{-0.5} + 0.2696 \times 0.6225^{-0.5}} = 0.3679$$

衬砌裂缝深度的变权权重

$$\omega_{LC} = \frac{0.2696 \times 0.6225^{-0.5}}{0.3652 \times 0.6531^{-0.5} + 0.3652 \times 0.625^{-0.5} + 0.2696 \times 0.6225^{-0.5}} = 0.2722$$

构建衬砌裂缝指标的变权权重向量为

$$\omega_H = (0.3599 \quad 0.3679 \quad 0.2722)$$

同理可计算渗漏水、衬砌材质劣化、衬砌背后空洞和衬砌变形的变权权重

$$\omega_C = (0.2466 \quad 0.2412 \quad 0.5122)$$
$$\omega_S = (0.5752 \quad 0.4248)$$
$$\omega_K = (0.3234 \quad 0.2388 \quad 0.4379)$$
$$\omega_B = (0.5752 \quad 0.4248)$$

8.5.2 可变隶属度的计算

根据本文针对各指标建立的评价标准，构造动态模糊评估确定隶属函数的各项参数（a、b、c、d、M），根据动态模糊评估步骤，建立标准区间矩阵 I_{ab}、范围区间矩阵 I_{cd}、点值矩阵 M，见式(8-1)~式(8-3)。

1. 衬砌裂缝隶属度的计算

1) 对于衬砌裂缝长度 L，检测值 $L=2\text{m}$，确定裂缝长度的吸引域向量、范围域向量和点值 M 向量：

$$[a \quad b] = ([0 \quad 0.1] \quad [0.1 \quad 5] \quad [5 \quad 10] \quad [10 \quad 14.14])$$

$$[c \quad d]_{LC} = ([0 \quad 5] \quad [0 \quad 10] \quad [0.1 \quad 10] \quad [5 \quad 14.14])$$

$$M_{LC} = (0 \quad 5 \quad 7.5 \quad 14.14)$$

当 $j=1$ 时，$a=0$，$b=0.1$，$c=0$，$d=5$，$M=0$，由此可判断指标 X 值在 M 的右侧，属于区间 $[b \quad d] = [0.1 \quad 5]$，因此利用式(7-11) 计算可得

$$D_A(u)_{LC1} = -\left(\frac{x-b}{M-b}\right)^{\beta} = -\left(\frac{2-0.1}{5-0.1}\right)^{1} = -0.3877$$

由式(7-12) 计算得

$$\mu_A(u)_{LC1} = \frac{[1+D_A(u)_{LC1}]}{2} = \frac{(1-0.3877)}{2} = 0.3061$$

当 $j=2$ 时，$a=0.1$，$b=5$，$c=0$，$d=10$，$M=2.55$，由此可判断指标值 X 在 M 的左侧，属于区间 $[a \quad M] = [0.1 \quad 2.55]$，因此利用式(7-10) 计算可得

$$D_A(u)_{LC2} = \left(\frac{x-a}{M-a}\right)^{\beta} = \left(\frac{2-0.1}{2.55-0.1}\right)^{1} = 0.7755$$

由式(7-12) 计算得

$$\mu_A(u)_{LC2} = \frac{[1+D_A(u)_{LC2}]}{2} = \frac{(1+0.7755)}{2} = 0.8878$$

当 $j=3$ 时，$a=5$，$b=10$，$c=0.1$，$d=10$，$M=7.5$，由此可判断指标值 X 在 M 的左侧，属于区间 $[c \quad a] = [0.1 \quad 5]$，因此利用式(7-10) 计算可得

$$D_A(u)_{LC3} = -\left(\frac{x-a}{c-a}\right)^{\beta} = -\left(\frac{2-5}{0.1-5}\right)^{1} = -0.6122$$

由式(7-12) 计算得

$$\mu_A(u)_{LC3} = \frac{[1+D_A(u)_{LC3}]}{2} = \frac{(1-0.6122)}{2} = 0.1939$$

当 $j=4$ 时，$a=10$，$b=14.14$，$c=5$，$d=14.14$，$M=14.14$，由此可判断指标值 X 在 M 的左侧，但是 $x=2.5 \notin [c \quad d] = [5 \quad 14.14]$，因此利用式(7-13) 可得

$$\mu_A(u)_{LC4} = 0$$

综上计算可得裂缝长度的隶属向量

$$\mu_A(u)'_{LC} = (0.3061 \quad 0.8878 \quad 0.1939 \quad 0)$$

2) 对于衬砌裂缝宽度 B，检测值 $B=1.6\text{mm}$，确定裂缝宽度的吸引域向量、范围域向量和点值 M 向量：

$$[a \quad b] = ([0 \quad 0.2] \quad [0.2 \quad 3] \quad [3 \quad 5] \quad [5 \quad 7.07])$$

$$[c \quad d]_{LC} = ([0 \quad 3] \quad [0 \quad 5] \quad [0.2 \quad 5] \quad [3 \quad 7.07])$$

$$M_{LC} = (0 \quad 1.6 \quad 4 \quad 7.07)$$

当 $j=1$ 时，$a=0$，$b=0.2$，$c=0$，$d=3$，$M=0$，由此可判断指标值 X 在 M 的右侧，属于区间 $[b \quad d] = [0.2 \quad 3]$，因此利用式 (7-11) 计算可得

$$D_A(u)_{LK1} = -\left(\frac{x-b}{M-b}\right)^\beta = -\left(\frac{1.6-0.2}{3-0}\right)^1 = -0.4667$$

由式 (7-12) 计算得

$$\mu_A(u)_{LK1} = \frac{[1+D_A(u)_{LK1}]}{2} = \frac{(1-0.467)}{2} = 0.2667$$

当 $j=2$ 时，$a=0.2$，$b=3$，$c=0$，$d=5$，$M=1.6$，由此可判断指标值 X 与 M 相等，可知 $D_A(u)_{LK2}=1$，因此利用式 (7-12) 计算可得

$$\mu_A(u)_{LK2} = \frac{[1+D_A(u)_{LK2}]}{2} = \frac{(1+1)}{2} = 1$$

当 $j=3$ 时，$a=3$，$b=5$，$c=0.2$，$d=7.07$，$M=4$，由此可判断指标值 X 在 M 的左侧，属于区间 $[c \quad a] = [0.2 \quad 3]$，因此利用式 (7-11) 计算可得

$$D_A(u)_{LK3} = -\left(\frac{x-a}{c-a}\right)^\beta = -\left(\frac{1.6-3}{0.2-3}\right)^1 = -0.5$$

由式 (7-12) 计算得

$$\mu_A(u)_{LK3} = \frac{[1+D_A(u)_{LK3}]}{2} = \frac{(1-0.5)}{2} = 0.25$$

当 $j=4$ 时，$a=5$，$b=7.07$，$c=3$，$d=7.07$，$M=7.07$，由此可判断指标值 X 在 M 的左侧，但是 $x=1.6 \notin [c \quad d] = [3 \quad 7.07]$，因此利用式 (7-13) 可得

$$\mu_A(u)_{LK4} = 0$$

综上计算可得裂缝长度的隶属向量

$$\mu_A(u)'_{LK} = (0.2667 \quad 1 \quad 0.25 \quad 0)$$

3) 对于衬砌裂缝深度系数 K，计算得 $K=0.42$，确定裂缝宽度的吸引域向量、范围域向量和点值 M 向量

$$[a \quad b] = ([0 \quad 0.33] \quad [0.33 \quad 0.5] \quad [0.5 \quad 0.67] \quad [0.67 \quad 1])$$
$$[c \quad d]_{LC} = ([0 \quad 0.5] \quad [0 \quad 0.67] \quad [0.33 \quad 7.07] \quad [0.5 \quad 7.07])$$
$$M_{LC} = (0 \quad 0.42 \quad 0.58 \quad 1)$$

当 $j=1$ 时，$a=0$，$b=0.33$，$c=0$，$d=0.5$，$M=0$，由此可判断指标值 X 在 M 的右侧，属于区间 $[b \quad d] = [0.33 \quad 0.5]$，因此利用式 (7-11) 计算可得

$$D_A(u)_{LS1} = -\left(\frac{x-b}{d-b}\right)^\beta = -\left(\frac{0.42-0.33}{0.5-0.33}\right)^1 = -0.5294$$

由式 (7-12) 计算得

$$\mu_A(u)_{LS1} = \frac{[1+D_A(u)_{LS1}]}{2} = \frac{(1-0.5294)}{2} = 0.2353$$

当 $j=2$ 时,$a=0.33$,$b=0.5$,$c=0$,$d=0.67$,$M=0.42$,由此可判断指标值 X 与 M 相等,可知 $D_A(u)_{LK2}=1$,因此利用式(7-12)计算可得

$$\mu_A(u)_{LK2} = \frac{[1+D_A(u)_{LK2}]}{2} = \frac{(1+1)}{2} = 1$$

当 $j=3$ 时,$a=0.5$,$b=0.67$,$c=0.33$,$d=1$,$M=0.585$,由此可判断指标值 X 在 M 的左侧,属于区间 $[c \quad a]=[0.33 \quad 0.5]$,因此利用式(7-11)计算可得

$$D_A(u)_{LK3} = -\left(\frac{x-a}{c-a}\right)^\beta = -\left(\frac{0.42-0.5}{0.33-5}\right)^1 = -0.5294$$

由式(7-12)计算得

$$\mu_A(u)_{LK3} = \frac{[1+D_A(u)_{LK3}]}{2} = \frac{(1-0.5294)}{2} = 0.2353$$

当 $j=4$ 时,由于指标值均没有落在 $[c \quad d]$ 区间内,因此由式(7-13)可知

$$\mu_A(u)_{LS4} = 0$$

综上计算可得裂缝深度的隶属向量为

$$\mu_A(u)'_{LS} = (0.2353 \quad 1 \quad 0.2353 \quad 0)$$

综上,构建衬砌裂缝的隶属度初始矩阵

$$\mu_A(u)_L^0 = \begin{pmatrix} 0.3061 & 0.8878 & 0.1939 & 0 \\ 0.2667 & 1 & 0.25 & 0 \\ 0.2353 & 1 & 0.2353 & 0 \end{pmatrix}$$

对其进行归一化处理,得到衬砌裂缝指标的相对隶属度矩阵

$$\mu_A(u)_L = \begin{pmatrix} 0.2206 & 0.6397 & 0.1397 & 0 \\ 0.1758 & 0.6593 & 0.1648 & 0 \\ 0.16 & 0.68 & 0.16 & 0 \end{pmatrix}$$

2. 衬砌材质劣化指标相对隶属度矩阵

$$\mu_A(u)_C = \begin{pmatrix} 0.6667 & 0.3333 & 0 & 0 \\ 0.5835 & 0.4165 & 0 & 0 \\ 0 & 0.2060 & 0.6470 & 0.1470 \end{pmatrix}$$

3. 渗漏水指标相对隶属矩阵

$$\mu_A(u)_S = \begin{pmatrix} 0 & 1 & 0 & 0 \\ 0 & 0 & 0 & 0 \end{pmatrix}$$

4. 衬砌背后空洞相对隶属矩阵

$$\mu_A(u)_K = \begin{pmatrix} 0 & 0 & 1 & 0 \\ 0 & 0 & 0 & 0 \\ 0 & 0 & 0 & 0 \end{pmatrix}$$

5. 衬砌变形指标相对隶属度矩阵

$$\mu_{\underline{A}}(u)_B = \begin{pmatrix} 0.52 & 0.48 & 0 & 0 \\ 0 & 0 & 0 & 0 \end{pmatrix}$$

8.5.3 隧道①可变模糊动态评价

隧道①的设计基准期为 100 年，该隧道处于状态劣化中期（偏后期）非线性劣化阶段，采用 Sigmoid 模型进行综合评价。

对于衬砌裂缝，根据此前计算的相对隶属度矩阵和指标层指标变权权重，利用式(7-16) 计算检测指标对各个安全等级的综合评估隶属矩阵，则有

$$\mu_{\underline{A}}(u)'_L = \cfrac{1}{1 + \left[\cfrac{1 - \sum\limits_{i=1}^{5} \omega_i \mu_{\underline{A}}(u)_{ij}}{\sum\limits_{i=1}^{5} \omega_i \mu_{\underline{A}}(u)_{ij}}\right]^2} = (0.0478 \quad 0.7939 \quad 0.0323 \quad 0)$$

并对其进行归一化处理，得到衬砌结构裂缝的综合评估隶属矩阵

$$\mu_{\underline{A}}(u)_L = (0.0547 \quad 0.9084 \quad 0.037 \quad 0)$$

同理可计算得到衬砌材质劣化、渗漏水、衬砌背后空洞、衬砌结构变形准则层指标相对各个安全等级的评估隶属矩阵

$$\mu_{\underline{A}}(u)_C = (0.4184 \quad 0.3141 \quad 0.2584 \quad 0.009)$$
$$\mu_{\underline{A}}(u)_S = (0 \quad 1 \quad 0 \quad 0)$$
$$\mu_{\underline{A}}(u)_K = (0 \quad 0 \quad 1 \quad 0)$$
$$\mu_{\underline{A}}(u)_B = (0.5481 \quad 0.4519 \quad 0 \quad 0)$$

对于准则层指标的综合评估，构建准则层指标的隶属度矩阵

$$\mu_{\underline{A}}(u)'_Z = \begin{pmatrix} 0.0547 & 0.9084 & 0.037 & 0 \\ 0.4184 & 0.3141 & 0.2584 & 0.009 \\ 0 & 1 & 0 & 0 \\ 0 & 0 & 1 & 0 \\ 0.5481 & 0.4519 & 0 & 0 \end{pmatrix}$$

根据乘积标度法确定准则层指标的权重向量为

$$\omega_H = (0.1836 \quad 0.2486 \quad 0.2486 \quad 0.1836 \quad 0.1356)$$

利用式(7-16) 计算隧道健康状态的最终评价隶属度矩阵

$$\mu_{\underline{A}}(u)'_Z = (0.0511 \quad 0.6082 \quad 0.1045 \quad 0)$$

并对其归一化处理，可得隧道健康状态隶属向量

$$\mu_{\underline{A}}(u)_Z = (0.0669 \quad 0.7962 \quad 0.1368 \quad 0)$$

根据式(7-21) 计算隧道安全状态的特征值

$$H_1 = 0.0669 \times 4 + 0.7962 \times 3 + 0.1386 \times 2 + 0 \times 1 = 2.9298$$

根据式(7-22) 判定该隧道属于亚健康（Ⅱ）级别，偏病害（Ⅲ）级别。

第 9 章 Visual Studio 平台下 Excel 数据库管理系统开发

9.1 引言

我国作为铁路隧道最多的国家之一，随着隧道服役年限的增长，陈旧隧道的健康状况日益下降。根据成都铁路局检测资料，近年来我国铁路病害隧道比例一直保持在 50% 以上，有些隧道的病害相当严重，已经危及行车安全。虽然已经在隧道的维护过程中投入大量的人力、物力，但隧道的安全状况并未出现明显的好转，且目前对隧道病害资料的管理工作还处于前期状态。随着铁路的快速发展，火车速度大幅度提升，列车轴重不断提高，对隧道的安全性及安全系统管理水平提出了越来越高的要求。为了准确、及时地监控隧道安全性的变化规律，必然需要采取更先进的数据采集、处理以及数据查找技术，采取正确的对策，及时消除和降低隧道安全隐患，确保运营隧道行车安全。

针对铁路隧道 Excel 数据库的数据管理系统的研究相对较少，且功能远不能适应隧道病害记录的需要，且管理系统操作烦琐。本章充分结合铁路隧道衬砌检测数据的内容特点，采用面向对象的技术，开发了简单易用的铁路隧道衬砌状态检测数据管理系统，系统以铁路隧道衬砌检测数据为研究对象，研究了检测数据的存储、管理，并实现了数据的快速查找和编辑工作。

9.2 铁路隧道病害数据库管理系统现状

在铁路隧道运营及维修管理中，经常遇到数据提取和统计工作，由于工程中接触到的数据量往往比较庞大，并且数据会随着隧道运营年限的增长而日益增多。为了保证隧道的通行安全，延长隧道的使用寿命，病害检测和治理是隧道养护的一个重要工作，隧道病害治理和养护技术也得到越来越广泛的重视。但与桥梁相比，由于隧道数量规模相对较小，得到重视也相对较晚，目前与隧道相关的病害治理和养护管理的信息系统研究开发工作还处于初级阶段，随着隧道使用和隧道本身老化，隧道发生病害的可能也越来越大，现行的病害信息管理方式无法适应目前隧道养护信息化管理的需要。以西南地区某铁路局隧道检测数据库为例，其不足之处主要体现在以下几个方面：

1）目前对于铁路运营隧道更多注重的是隧道病害治理方法，而对隧道病害信息的管理重视程度不够。

2）目前的管理方式不能方便快速地提供隧道病害各种信息，无法及时判定已有病害的危害性。

3）隧道病害历史信息没有合理、统一的格式，导致查询困难，无法满足未来对隧道安全状况评估需要。

4）目前基础数据存储的格式或中转数据的格式有相当一部分是以 Excel 格式存在的。隧道病害发生的空间位置信息十分重要，现有 Excel 数据库不能直观地表现病害位置信息，对历史病害信息的检索、分析不利。

9.3 隧道病害管理系统设计

9.3.1 数据库管理系统初步分析

目前西南地区某铁路局隧道病害数据格式有相当一部分是以 Excel 格式存在，Excel 的广泛应用及普及说明 Excel 的方便性和易用性，如数据编辑和显示一体化、数据之间可关联性操作、大量基础和专业函数的支持等。对数据一般性的查询和查找在 Excel 来说比较容易，而对于大量数据汇总尤其是涉及多文件查询时就有一定的不方便性。本章将充分借助已有 Excel 数据库，提出功能更强大、操作更简便的数据管理系统。

Excel 文件的结构是工作簿（对应铁路线路名称）、工作表（对应隧道名称）、行、列以及最小单位单元格（对应单个数据），一个 Excel 文件可以看作是一条铁路线路，一个工作簿里面可以有多个工作表，一个工作表又有多行和多列，行与列交叉有相应的单元格。这种结构很容易与数据建立对应关系，一个数据库有多个数据表组成，一个数据表又有相应的属性列和元组（行）组成，行与列交叉部分的单元数据为数据项。也就是说 Excel 文件完全可以看作铁路隧道数据库，只不过没有支持如 Access 里面的查询或存储过程等大小型数据库还应该有的元件。值得推荐的是 Microsoft 的数据库引擎的连接语法就包括 Excel 文件，连接后，可以如操作 Access 数据库引擎一样，进行数据的更新和查询。

根据隧道病害检查与治理的工作流程，在进行详细的需求分析的基础上，结合技术的特点，制定了隧道病害管理信息系统的设计目标：

1）根据西南地区某铁路局的实际需求，制定出合理、格式固定的 Excel 数据库工作表。

2）以 Visual Studio 2013 为平台，利用 C#语言在 .Net 环境下实现隧道病害管理信息系统。

3）以面向对象为设计原则，采用分层架构设计，保证系统的可维护性及数据库的可扩展性。

4）提供友好的用户界面，保证数据操作的方便简单。

5）完成的数据库管理系统不仅仅只适用于成都铁路局的隧道，而适用于所有铁路隧道。

9.3.2 病害信息管理系统的设计思路

1. 数据库的整理

通过对 Excel 表格的设计，提供对隧道中各病害的信息，如病害种类、发生位置、发现时间、现场状况以及治理和治理后的效果加以详细记录整理。整理好的数据库不仅能对隧道基本情况、隧道病害进行详细的记录，而且便于查找固定年份、固定线路、固定隧道的情况。

铁路隧道衬砌状态检测数据既包括隧道基本信息如隧道名称、隧道长度、行别等，同时包括检测详细信息。其中：

（1）隧道基本信息 隧道基本信息，包括隧道名称、隧道建成年份、隧道长度、隧道行别等信息。

（2）检测数据 基于各类检测数据的评估结果，包括检测年度、病害劣化项目、病害劣化洞身标、病害劣化部位、病害劣化等级等信息。

2. 数据库管理系统的开发

在分析了系统的设计目标的基础上，进行功能设计、架构设计和数据库设计。以 Visual Studio 2013 为二次开发平台，利用 C#语言在 .Net 环境下建立了隧道病害数据管理平台。

首先根据线路名称及年份查到对应的 Excel 数据库文件，如"隧道 a2014"代表 2014 年隧道 a 病害数据资料；然后根据界面操作的下拉菜单选择相应隧道，例如"隧道①"；最后通过界面操作的下拉菜单选择"隧道基本情况介绍"选项或者"病害"选项进行相关查找或编辑工作。隧道病害数据管理设计思路如图 9-1 所示。

第 9 章 Visual Studio 平台下 Excel 数据库管理系统开发

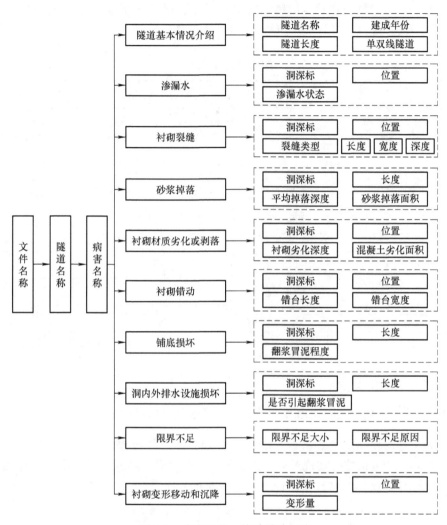

图 9-1 病害查找、统计设计思路

9.4 铁路隧道病害管理系统开发

9.4.1 基于 Excel 工作表设计的数据库整理

制定格式固定且能充分体现出隧道病害情况的 Excel 工作表,如图 9-2 所示。对所有检测资料数据进行整理,统一格式。

制定出了格式固定的 Excel 病害数据工作表,由于隧道病害数据库管理平台是基于 Excel 单元格二维坐标定位来实现数据的查找,因此,隧道信息及相应的病害数据必须严格填在相应的单元格中，不可破坏工作表的格式，即不可对 Excel 工作表进行行列的增减以及单元格合并等操作。

隧道检测记录表

编号：　　　　　　　　　第　页　共　页

单位名称	重庆工务段	中心里程	成渝线466.818	隧道名称	汤家沱隧道	长度(m)	640	建成年份	1984
线路年通过重量			线路累计通过重量				单双线隧道	单线隧道	

隧道病害情况

洞口仰坡 塌方落石	里程(km)		进出口		岩体风化程度		危岩孤石数量及尺寸		仰坡坡度	
	466.748		进口 √	出口	砂岩破碎,形成探头		7处共计441m³		0	

衬砌变形 移动和沉降	里程(km)		位置		变形量(mm)		是否出现	不足大小	限界不足原因	
						限界不足			修建时限界不足	

渗漏水	洞身标	位置	渗漏水状态	是否有腐蚀现象	是否整治过	整治方法
	466.504	左边墙	渗水	否	否	
	466.518	左拱腰	滴水	否	否	
	466.532	左拱腰	滴水	否	否	
	466.549	左边墙	滴水	否	否	
	466.549	右拱腰	渗水	否	否	
	466.559	拱顶	滴水	否	否	
	466.58	拱顶	漏水	否	否	
	466.583	拱顶	漏水	否	否	
	466.62	右边墙	渗水	否	否	
	466.65	拱顶	滴水	否	否	
	466.657	左拱腰	渗水	否	否	
	466.953	拱顶	漏水	否	否	
	466.969	拱顶	漏水	否	否	

衬砌材质 劣化	洞身标	位置	衬砌劣化深度(mm)	混凝土劣化面积(m²)	是否整治过	整治方法

图 9-2　Excel 工作表样本

9.4.2　基于 Visual Studio 平台下数据库管理系统的实现

为实现对铁路隧道病害数据的方便管理，通过二维坐标定位的方式，运用 C#中 DataGridView 控件实现对格式固定的 Excel 数据库的各个单元格所对应数据的选择性显示。其病害数据库管理平台如图 9-3 所示。

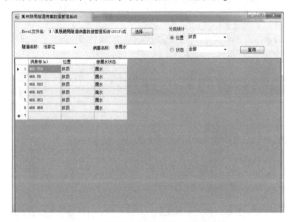

图 9-3　隧道病害数据管理系统

本数据库管理系统提供方便快捷的病害数据查询、统计、修改、删除等功能，通过人们熟悉的 Windows 操作系统的选择操作选择某年份下铁路线路，然后通过下拉菜单选择指定隧道及具体病害进行查询及编辑工作。本隧道病害数据库管理系统具备以下优势：

1）充分利用已有数据库的优势，选择微软旗下 Visual Studio 2013 为平台来开发实现，不仅实现了数据库与操作平台之间的完美链接，且提供了易学易用的操作平台。

2）在实现操作简便的查询统计功能的基础上，考虑到随着铁路隧道运营年限的增长，日后隧道病害数据库的进一步增加和更新，提供了格式固定的 Excel 数据库表格，方便其他人员对数据库进行更新操作。

3）只需数据库采用相同、固定的 Excel 格式，可实现与不同数据库的完美兼容，具备一定的推广价值。

第10章 展　　望

　　随着隧道建设数量和规模的增大以及服役时间的增加，隧道病害及其相关的安全问题逐步凸显，我国已进入隧道建设与维护并重的时期。以本书案例西南地区某铁路局为例，隧道 a 是中华人民共和国政府建设的第一条铁路，至今已有 70 多年的运营历史，目前有隧道及明洞 1714 座，总计 1138716 延长米。根据成都局 2012 年检测资料，隧道 a 线全线 22 座隧道 47 处不同程度出现了渗漏水、限界不足、铺底损坏等多种病害，带病服役的隧道中有 83% 的隧道服役年数为 61～77 年（建于 1936—1952 年），可见隧道病害与服役年限呈一定的必然关系。病害使隧道最终处于不良的技术状态，严重时甚至导致突发事故。随着铁路跨越式发展战略的实施，列车的行车速度大幅提高，机车车辆轴重不断增加，对运营隧道安全状态和安全信息管理水平提出了更高的要求，因此，关注运营隧道尤其是陈旧隧道的健康状态、排除隧道病害可能导致的安全事故日益成为运营管理部门的重要任务。

　　我国针对隧道病害评价的相关内容进行了一系列的研究。在病害分级方面，我国 TB/T 2820.2—1997《铁路桥隧建筑物劣化评定标准—隧道》规定，采用劣化度的方法判定铁路隧道结构物的功能状态，并将铁路隧道劣化等级划分为 A、B、C、D 四级，同时又将隧道病害分为隧道衬砌裂损、衬砌结构渗漏水、衬砌劣化三大类，并给出了不同类型病害的劣化标准和评定方法。为了使我国公路隧道的养护管理与我国公路隧道建设相适应，我国于 2003 年发布了 JTG H12—2015《公路隧道养护技术规范》，给出了公路隧道的清洁维护、结构检查、保养维修和病害处置的方法。在病害对结构影响方面，有研究者根据隧道病害检测结果并参考现有的隧道健康诊断标准进行定性判定，如 Wang 等根据地震后山岭隧道病害的调查结果，比照隧道健康诊断标准对地震后隧道的损伤程度进行了定性评价；聂智平等根据现场调查和检测数据以及有病害隧道断面的力学分析结果，比照铁路隧道病害分类，对某公路隧道健康状态进行了定性判定；吴江滨等根据病害检测结果，结合 TB/T 2820.2—1997《铁路桥隧建筑物劣化评定标准—隧道》对隧道健康状态进行评价。在病害诊断方面，姜松湖、关宝树等人（1992）

根据我国铁路隧道维修养护的基本经验，汇集技术人员的知识和经验，研制了铁路隧道病害（变异）诊断专家系统。同济大学和北京交通大学的研究人员也先后就隧道病害原因分析、病害影响及评价等方面进行了较深入的研究。国外围绕隧道健康状态评价从早期的病害检查到后期的状态评价完成了一系列基础工作并拟定了相关的规程或标准以规范相关工作：Marold 等采用多种检测方法对纽约的一条引水隧洞进行了检测，但评价隧洞健康状态时，则是直接根据检测数据对隧洞健康状态进行定性评定；Ikuma（2005）通过分析隧道正截面变形和衬砌应变量测结果来评价日本青函隧道海底部分的健全度。德国铁路隧道设计、施工与养护规范（DS853）中的《人工建筑物的监控和检查规范》规定了对不同类型隧道的检查周期；德国交通、建设与住房部和德国公路署在无损伤评价公路隧道状况方面开展了许多工作。同时为了保证无损伤检测方法在应用中的标准化，发布了《无损伤检测隧道内壳的规范》，对如何选择检测方法，如何检测，以及如何评价和描述结果等进行了规范。法国国营铁路公司（SNCF）在 20 世纪 80 年代制定了铁路隧道养护标准，给出了铁路隧道检查和维修的方法，还给出了参考检测数据对铁路隧道健康状态进行定性判定的方法。美国的《公路和铁路交通隧道检查手册》则给出了隧道的检测方法和程序，该手册将一些隧道缺陷分为轻度的、中度的和严重的三个等级，并给出了其定量或定性的判定标准。

综上所述，国内外在隧道病害方面从病害分级、病害影响到病害诊断等诸方面都进行过或深或浅的研究工作，但也不难发现：针对隧道状态评价，更多的是根据单种病害分级的结果所进行的定性评价，没有考虑多种病害并存的情况，也很少考虑病害发展程度对隧道结构及功能的影响。在隧道维护方面，为了及时了解运营隧道的服役状况，运营管理部门要定期对隧道进行检查，但长期以来，对隧道状态的检测主要依靠眼看、尺量等简单粗框的方法，将现场记录填入常规的报表，这种检测方法对隧道状态的了解不全、危险性认识不足，对可能引发事故的预防性较差。而且针对长期积累的数据，一些传统的管理系统只是对大量采集的数据做一些简单的查询及统计工作，并没有挖掘出这些数据中潜藏的病害规律，导致该类数据基本上都被闲置，没有为病害的预测和防治发挥有效作用。另外，对于存在的病害，一般根据铁道部发布的 TB/T 2820.2—1997《铁路桥隧建筑物劣化评定标准—隧道》，针对不同的病害本身进行分级并给出相应的处置建议，但由于没有建立不同发展情况的病害与隧道结构损伤度之间的关系（缺乏相应的研究工作和可信服的研究结论），因此，对于存在单种或多种病害的隧道的健康状态或承载（服役）能力不能给出全面准确的评价，进而给现场的隧道状态判断和处置决策带来了操作难度。为了增加病害检测的准确性和全面度，提高检测信息的利用率，促进运营隧道管理信息系统的功能多样化和可操作性，更好地满足现场实用化的需求，有必要就陈旧隧道健康状态评价中的若干关键问题

（如病害检测和建档方法、不同情况下病害隧道结构的损伤度或病害隧道承载能力分析、隧道健康状态评价指标体系和评价方法、功能全面的隧道病害数字化管理平台等）进行研究，形成能推广应用的指导性成果。

  本书针对陈旧隧道病害检查资料进行统计分析，了解管辖范围内陈旧隧道病害的特征，分析病害的主要成因，并针对典型病害运用数值计算方法分析病害对结构的影响，建立病害与结构损伤之间的对应关系，将其纳入隧道状态评价指标体系，构建定量化程度较高的铁路隧道健康状态的综合评价模型，结合铁路隧道健康状态的评价标准，利用可靠度理论对陈旧铁路隧道健康状态进行评价。在上述研究成果的基础上完善隧道病害数字化管理构架，以期对希望专业学生及技术人员提供指导及借鉴价值。限于研究手段，对于智能无损化检测技术的研究仍有待深入、对于典型病害劣化因素及机理研究有欠缺、对于病害数据库管理系统的建立仍有不足，探讨铁路运营隧道健康评价与数据库管理系统开发是我国将来铁路运营过程中必然的发展方向，对健康评价和数据库管理系统技术的进一步发展和进步具有深远意义。

参 考 文 献

[1] 杨艳青. 运营隧道健康诊断及剩余寿命评估研究 [D]. 北京：北京交通大学，2012.

[2] 曹校勇. 公路隧道健康状态综合诊断方法研究 [D]. 西安：长安大学，2008.

[3] 刘海京. 公路隧道健康诊断计算模型研究 [D]. 上海：同济大学，2007.

[4] 熊先波. 某城市老旧隧道衬砌结构安全性评估 [J]. 交通科技与经济，2013，15（1）：109-113.

[5] 赵庆阳. 运营期老旧隧道渗漏水病害成因与治理方法研究 [D]. 济南：山东大学，2010.

[6] 袁超，李树忱，李术才，等. 寒区老旧隧道病害特征及治理方法研究 [J]. 岩石力学与工程学报，2011，30（S1）：3354-3361.

[7] 翟松峰. 荷载与冻融共同作用下混凝土结构可靠度分析及剩余寿命预测 [D]. 北京：北京交通大学，2008.

[8] 戴学臻. 公路隧道运营安全评价及管理系统开发研究 [D]. 西安：长安大学，2010.

[9] 王云. 城市交通隧道安全评价体系及方法研究 [D]. 成都：西南交通大学，2005.

[10] 王晓明. 高速公路服役隧道结构可靠性分析与后评估研究 [D]. 沈阳：东北大学，2008.

[11] 王廷臣. 基于可靠度的现役钢筋混凝土结构剩余寿命预测 [J]. 工业建筑，2005，35（z1）：916–917.

[12] LEI MF, LILI H, SHI C H, et al. A novel tunnel–lining crack recognition system based on digital image technology [J]. Tunnelling and Underground Space Technology, 2021, 108: 57-63.

[13] MIN B, ZHANG C P, ZHU W J, et al. Influence of cracks at the invert on the mechanical behavior of the tunnel structures [J]. Thin-Walled Structures, 2021, 161: 97-104.

[14] 张志强，关宝树. 软弱围岩隧道在高地应力条件下的变形规律研究 [J]. 岩土工程学报，2000（6）：696-700.

[15] 关宝树. 漫谈矿山法隧道技术第五讲：衬砌（一）[J]. 隧道建设，2016，36（3）：251-256.

[16] 关宝树. 漫谈矿山法隧道技术第六讲：衬砌（二）[J]. 隧道建设，2016，36（4）：373-378.

[17] 周建，胡坚，王浩，等. 深埋隧洞分步支护合理支护时机的力学研究 [J]. 工程力学，2019，36（12）：145-152.

[18] 刘德军，仲飞，黄宏伟，等. 运营隧道衬砌病害诊治的现状与发展 [J]. 中国公路学报，2021，34（11）：178-199.

[19] 陈龙，黄宏伟. 岩石隧道工程风险浅析 [J]. 岩石力学与工程学报，2005（1）：110-115.

[20] 张玉军，李治国. 带裂纹隧道二次衬砌承载能力的平面有限元计算分析 [J]. 岩土力

学，2005 (8)：1201-1206.

[21] 邹翀，罗琼，李治国，等. 圆梁山隧道衬砌裂缝及渗漏水治理技术 [J]. 现代隧道技术，2004 (5)：52-57, 64.

[22] 张玉军. 裂隙岩体的热-水-应力耦合模型及二维有限元分析 [J]. 岩土工程学报，2006 (3)：288-294.

[23] 张玉军，李治国. 带裂纹隧道二次衬砌承载能力的平面有限元计算分析 [J]. 岩土力学，2005 (8)：1201-1206.

[24] 李明，陈洪凯. 隧道衬砌厚度不足的健康判据试验研究 [J]. 岩土力学，2011，32 (S1)：570-577.

[25] 李明，陈洪凯，段怀志. 隧道健康判据试验研究 [J]. 中国公路学报，2011，24 (4)：70-79.

[26] 赵博剑，孔德琨，谭忠盛. 基于层次分析理论的宜万铁路隧道病害评价体系 [J]. 土木工程学报，2017，50 (S2)：243-248.

[27] 王洪德，高秀鑫. 高速公路隧道健康诊断及预警的模糊神经网络方法 [J]. 中国安全科学学报，2014，24 (2)：9-15.

[28] 李明，陈洪凯. 隧道健康动态评价模型与应用 [J]. 重庆大学学报，2011，34 (2)：142-148.

[29] ZADEH L A. Fuzzy sets [J]. Information and Control, 1965, 8 (3)：338-353.

[30] 陈守煜. 可变模糊集理论的哲学基础 [J]. 大连理工大学学报（社会科学版），2005，26 (1)：53-57.

[31] 陈守煜. 系统模糊决策理论与应用 [M]. 大连：大连理工大学出版社，1994.

[32] 胡群芳，周博文，王飞，等. 基于模糊层次分析的公路隧道结构安全评估技术 [J]. 自然灾害学报，2018，27 (4)：41-49.